Für Gugu

URSULA AVÉ-LALLEMANT

Baum-Tests

Mit einer Einführung in die symbolische und graphologische Interpretation

8. Auflage

Ernst Reinhardt Verlag München

Bibliografische Information der Deutschen Nationalbibliothek

Die Deutsche Nationalbibliothek verzeichnet diese Publikation in der Deutschen Nationalbibliografie; detaillierte bibliografische Daten sind im Internet über <http://dnb.d-nb.de> abrufbar.
ISBN 978-3-497-03194-8
8. Auflage

© 2023 by Ernst Reinhardt, GmbH & Co KG, Verlag, München

Dieses Werk, einschließlich aller seiner Teile, ist urheberrechtlich geschützt. Jede Verwertung außerhalb der engen Grenzen des Urheberrechtsgesetzes ist ohne schriftliche Zustimmung der Ernst Reinhardt GmbH & Co KG, München, unzulässig und strafbar. Das gilt insbesondere für Vervielfältigungen, Übersetzungen in andere Sprachen, Mikroverfilmungen und für die Einspeicherung und Verarbeitung in elektronischen Systemen. Der Verlag Ernst Reinhardt GmbH & Co KG behält sich eine Nutzung seiner Inhalte für Text- und Data-Mining i.S.v. § 44b UrhG ausdrücklich vor.

Printed in EU

Ernst Reinhardt Verlag, Kemnatenstr. 46, D-80639 München
Net: www.reinhardt-verlag.de E-Mail: info@reinhardt-verlag.de

VORWORT
zur vierten Auflage

Wenn der Baum-Test hier in seiner vierten Auflage in erweiterter Form erscheint, so um einem Einblick in die Gebiete zu geben, in denen er sich in dieser Form inzwischen bewährt hat. Ursprünglich vorwiegend über Jugendliche geschrieben, ist dieser Rahmen damit endgültig auf alle Lebensalter über das ganze Feld der Diagnostik und Lebensberatung hin erweitert worden.

Beim Ausbau der Lehre von etwas so Lebensnahem und doch so Subtilem, wie es die Baumzeichnung als Hinweis auf menschliches Selbstverständnis und Leiden ist, stand mir folgendes vor Augen: So wie ein guter Psychologe vor allem zuhören und hinschauen können muß, um den Ratsuchenden in seiner Eigenart zu erfassen, so sollte man auch seinen Ausdruckstest als «Partner» behandeln. Ich schaue ihn an, und er spricht zu mir. Und dann befrage ich ihn, behutsam, ohne ihm ins Wort zu fallen. Ich stelle die Frage immer an ihn als Lebewesen und immer als Ganzheit. Wie redet er mich an? Wie steht er im Raum? Was erfahre ich aus seiner Lebensgestalt? Was hat der Zeichner mit dem Medium Zeichenstrich von sich ausgesagt? Das sind immer neue Ansätze zu je neuen Aspekten.

Ich zerlege dabei den Baum nicht, wie wenn er schon auf dem Holzplatz liegt, um seinen Teilen «Bedeutungen» zuzuordnen, sondern erfasse ihn in seiner lebendigen Gesamtgestalt. Und so wie ich bemüht bin, behindertem Wachstum des Baumes in der Natur Hilfestellung zu leisten, bin ich in dieser Absicht auch auf den Zeichner bezogen. Ich will nicht gutes Holz auslesen für einen Nutzen, ich will Wachstum fördern. Es ist das organische Sehen, was hier gefordert ist, nicht das heute weit überwiegende mechanische aus unserer technisierten Welt.

Einige Hinweise auf neuere Erfahrungen seien aus dem Vorwort zur dritten Auflage des Buches von 1988 genommen und hier eingefügt:

In enger Zusammenarbeit mit Psychologen, Psychotherapeuten und psychosomatisch arbeitenden Ärzten haben sich einige Phänomene als besonders ergiebig erwiesen, deren Bedeutung noch einmal herausgestellt werden soll. Hinweise darauf finden sich schon im Text des Buches; auf entsprechende Beispiele in den Abbildungen beziehe ich mich im folgenden mit ihren römischen Ziffern.

Zwei Arten von *Kronenansätzen* haben sich für die Diagnose als besonders wichtig ergeben. Weist der Kronenansatz am Stamm generell auf Entwicklungsprobleme hin, so ist dies im besonderen der Fall im Übergang von der Pubertät zur Adoleszenzkrise, die zu Unrecht häufig als «verlängerte Pubertät» verstanden wird. Dabei deutet der *Knotenansatz* (VI, XL) auf einen bewußtseinsnahen Konflikt hin bei Jugendlichen, die aktiv damit umgehen. Der *Hohlansatz* dagegen (XIV, XX), ausgewiesen durch ein Vakuum zwischen Stamm und Ästen, läßt auf Ratlosigkeit in einer Identifikationsproblematik schließen. Auch er ist ein typisches Merkmal der Adoleszenz; er kann sich auch gelegentlich bei anorexischen Patienten finden.

Ein weiteres wichtiges Diagnostikum ist der *Mittenast,* der ebenfalls im Buch erwähnt ist; er hat sich besonders in der Diagnose individueller Ursachen von Entfaltungskrisen der

Persönlichkeit bewährt. So gibt es z. B. den «*Bruch*» (LIV, XV), der eher auf ein inneres Scheitern schließen läßt, den «*Schnitt*» als Anzeige für einen von außen geschehenen Eingriff oder auch den *aufgepropften Ansatz* (XLII) als nicht organisch Gewachsenes und Hinweis auf kompensatorisches Bemühen. Man findet aber auch gelegentlich einen verkümmerten oder einen hypertrophischen Mittenast.

Ausdrücklich sei noch einmal der von mir in die Literatur eingebrachte «*Fingeransatz*» (XXII, XXXVII, XXXVIII, XXXIX) erwähnt, den normalen und häufigsten Übergang vom Lötansatz des kindlichen Baumes. Freilich findet er sich auch schon bei Kindern (XX), die durch die Umwelt in ihrer Reife gefördert sind, sowie auch bei Erwachsenen (XXXIX), bei denen noch gärende Probleme anstehen.

Ich gebe diesem nun erweiterten Buch meine guten Wünsche mit auf den Weg.

München, im März 1996　　　　　Ursula Avé-Lallemant

VORWORT
zur ersten Auflage (1976)

Daß der Baum von jeher als Symbol des Lebens galt, ist bekannt und anerkannt. Nicht so geläufig ist die Tatsache, daß sich im «Bild» des Baumes in Träumen und Zeichnungen die Eigenart des individuellen Selbst eines Menschen widerspiegeln kann. Das geschieht nicht nur in Träumen, die die Tiefenpsychologie analytisch auszuwerten vermag, es ist auch von der Psychodiagnostik zur Grundlage eines «Baum-Testes» gemacht worden. Als Test hat die Baumzeichnung den Vorzug großer Einfachheit und Natürlichkeit. Die Standardisierung, die jeder Test braucht, ist hier vorgegeben; die Fragestellung ist schlicht die Aufforderung: «Zeichne einen Baum.»
Mein Ausgangspunkt waren eigene Träume von Bäumen. Einmal sah ich im Traum einen Baum, von dem unentwegt Blätter herabrieselten. Es waren unermeßlich viele, mehr als je hätten auf dem Baum gewachsen sein können. Der depressive Charakter dieses Bildes entsprach meiner damaligen persönlichen Lebenssituation. Ein andermal, Jahre später, träumte ich von einem Baum, der wie ein leuchtendes Feuerwerk Blüten in den Raum sprühte, die immer neu entstanden, um alles mit Leben und Zuversicht zu erfüllen. Auch dies entsprach meiner Situation. Das brachte mich dazu, das Bild des Baumes als Symbol und objektive Aussage unseres Unbewußten sehr ernst zu nehmen.
Als Graphologin habe ich seit zwanzig Jahren Baumzeichnungen in die Persönlichkeitsdiagnostik einbezogen. So hatte ich Gelegenheit, mit dem Baum-Test Erfahrungen zu

sammeln. Nicht nur die Lebensdaten des Zeichners, sondern auch die Handschrift und vergleichende graphische Tests ermöglichten die Überprüfung der Aussagen.
Ziel dieses Buches ist es, durch Anschauung und durch Interpretation am Anschauungsbild den Baum als Selbstausdruck des Menschen in seinen Aussagemöglichkeiten zu zeigen. Vor allem möchte ich ihn jenen näherbringen, die sich gleichfalls beruflich im Dienst der Lebenshilfe um eine möglichst individuelle und dabei tieflotende Diagnostik bemühen.
Begriffliches Lernen auch von Ausdrucksbildern ist heute als Bestandteil der Ausbildung unerläßlich geworden. Die begriffliche Übermittlung von anschaulichen Ausdrucksgehalten reicht aber nicht aus; «Lernen durch Anschauung» muß sie ergänzen, wie jeder Kenner weiß. Dies sollen die drei Baum-Tests von Sechsjährigen, denen Handschrift und Wartegg-Zeichentest beigefügt sind, exemplarisch verdeutlichen.
Die Notwendigkeit des «Lernens durch Anschauung» ist in der Sache begründet. Es ist ein Grundsatz der Erkenntnislehre, daß die Methode des Erfassens dem befragten Gegenstand selber entsprechen muß und sich also wesentlich von ihm her bestimmt. Wenn sich «organisches Denken» und «mechanisches Denken» epochenweise abgelöst und verdrängt haben, so setzt sich demgegenüber heute die Einsicht durch, daß der mechanische Gegenstand mit den Methoden der Mechanik erforscht werden muß und der organische mit jenen, die Organisches verstehbar machen. Der Baum und die Seele des Menschen gehören dem Bereich des Organisch-Lebendigen an.

Als Symbol repräsentiert der Baum durch Wesensentsprechung das von ihm symbolisierte seelische Selbst. Er macht damit etwas bildhaft anschaulich zugänglich, was seinem Sein nach selber unanschaulich ist. Symbole können jedoch mehreres bedeuten. Ein Symbol ist vieldeutig – nicht beliebigdeutig: es kann auf alles hinweisen, durch das es mit einem gemeinsamen Wesenszug verbunden ist. Auch der Baumgestaltung lassen sich daher nicht einfach konkrete psychische Korrelate fest zuordnen, die man nur wie Vokabeln zu lernen brauchte. Vielmehr hat alles an ihr Hinweischarakter und muß im Kontext des Lebens «gedeutet» werden. Das Arbeiten mit dem Baum-Test stellt hier besondere Ansprüche an Können und Redlichkeit des Diagnostikers.

Wenn im folgenden nicht alle Möglichkeiten von Einzeldeutungen einbezogen sind, wie sie etwa Karl Koch[1] gesammelt hat, so bedeutet dies nicht eine Ablehnung: Die Eingrenzung auf die wesentlichen Gesichtspunkte soll das «additive» Ablesen vermeiden helfen und den Blick für das ganzheitliche, organische Sehen schulen, denn hier gilt überall die Einsicht, daß ein jeder Organismus mehr ist als die Summe seiner Teile. Es steht im Belieben des Lesers, die hier einbezogenen Deutungen sachgerecht zu ergänzen.

Den von Koch tabellenartig aufgeführten Interpretationen schließe ich mich nur mit Einschränkungen an.[2]

Dankbar dagegen übernehme ich vor allem die statistischen Überprüfungen der altersentsprechenden Kronenansätze; sie geben nicht nur Hinweise auf den Entwicklungsstand, sondern auch wertvolle Aufschlüsse über Retardierungen und Regressionen. Überdies ergänze ich dieses wichtige Dia-

gnostikum um einige weitere Arten von Kronenansätzen.
Meine besonders in der Jugend-Diagnostik reiche Erfahrung hat sich naturgemäß auf die Probleme der Persönlichkeitsentfaltung und ihres Ausdrucks ausgewirkt.
Die von mir auf die Baumzeichnung angewandten, im Wartegg-Zeichentest bewährten «Strich»-Analysen August Vetters, die ich, aufgrund von Erfahrungen aus der eigenen Beratung, um einige erweiterte, haben sich als eine besonders ergiebige diagnostische Ergänzung erwiesen.[3] Die Strichanalyse steht in dieser Arbeit der Symboldeutung gleichgewichtig zur Seite, wodurch die Charakterologie mit der Tiefenpsychologie verbunden wird.
Schließlich möchte ich dem Leser noch raten, sich beim Studium des Buches ein «aide mémoire» für die Bedeutungszuordnungen anzulegen. Das widerspricht nicht dem hier angestrebten organischen Sehen und anschaulichen Lernen, sondern es ergänzt es als Hilfsfunktion. Wer sich im Sehenlernen üben will, findet im Anhang Hinweise auf Einzelsymbole und Strichphänomene.

---

[1] Karl Koch: «Der Baumtest», 5. Auflage. Bern-Stuttgart 1967.
[2] Kochs Bezugnahme auf die doppeldeutigen Tabellen von Ludwig Klages bei der Auswertung der Symbole (a. a. O. S. 13) halte ich für falsch. Zur Kritik der Klagesschen Tabellen vgl. Ursula Avé-Lallemant in: Zeitschrift für Menschenkunde XXXVII/1–2, Wien 1973, S. 94 ff., und XXXVII/4 1973, S. 170 ff. Symbole und Ausdrucksmerkmale lassen sich aber überhaupt nicht ohne weiteres parallelisieren.
[3] Zu August Vetters Strich-Kategorien vgl. Maria Renner: «Der Wartegg-Zeichentest im Dienste der Erziehungsberatung. Nach der Auswertung von August Vetter», München-Basel 1953; zu meinen eigenen Ergänzungen Ursula Avé-Lallemant, Zeitschrift für Menschenkunde XXXVII/1–2, S. 92. [Jetzt auch Ursula Avé-Lallemant: «Der Wartegg-Zeichentest in der Lebensberatung. Mit systematischer Grundlegung von August Vetter», 2. erweiterte Auflage, München-Basel 1994.]

INHALT

Vorwort zur vierten Auflage 5
Vorwort zur ersten Auflage 8

Einführung in die Baumzeichnung und ihre
Interpretation 13
Übersicht 33
Baum-Tests 37

Anwendungsgebiete des Baum-Tests 228
  Der Baum-Test bei 3- bis 6jährigen 228
  Der Baum-Test bei geistig Behinderten 239
  Der Baum-Test in der Rehabilitations-Klinik 243
  Der Baum-Test in der Kriminologie 246

Index der wichtigsten Phänomene 253

EINFÜHRUNG IN DIE BAUMZEICHNUNG UND IHRE INTERPRETATION

Wenn wir einen Baum-Test ausführen lassen, regen wir damit die Persönlichkeit des Zeichners zu einer unbewußten Aussage über sein eigenes Selbst an. Besonders geeignet ist hierfür der Laubbaum, weil seine Darstellung die Zeichnung des Kronenansatzes einschließt. Würden wir nun aber die Aufforderung zum Baum-Test so formulieren, daß wir zur Zeichnung eines «Laubbaumes» anregen, so hätten wir damit schon einen diagnostizierbaren Tatbestand, das «Laub», provoziert. Um das zu vermeiden, läßt Koch «einen Obstbaum» zeichnen. Wollen wir aber ausschalten, daß daraufhin Äpfel oder gar eine Leiter mit Obstkorb gezeichnet werden, die dann hier bloße Attribute ohne symbolischen Gehalt sein können, so sagen wir am besten: «Zeichne einen Baum, aber keine Tanne» – auch wenn es bei der heutigen Reisefreudigkeit dann ab und zu eine Palme oder dergleichen gibt. Es ist wichtig, die Wahl des Bleistiftes dem Zeichner zu überlassen. Die Art des Striches entspricht seinem Leitbild und ist deshalb diagnostisch auswertbar.

Nehmen wir die so entstandene Baumzeichnung in die Hand, so lassen wir als *ersten Eindruck* den Baum in seiner Eigenart auf uns wirken, als stünde er plötzlich in einer Landschaft vor uns, in der es nichts als diesen Baum gäbe. Er ist voll und üppig, oder er wirkt kahl und zerzaust. Er mutet uns leblos und abgestorben an, oder er ist recht frisch, Windbruch im Geäst läßt jedoch auf kürzliche Stürme schließen.

Dann erst sehen wir den Baum in seinen räumlichen Beziehungen. Er steht in einem Richtungsfeld. Auf dem Zeichenblatt sehen wir den Baum nun in seinem *«Bedeutungsraum»*. Wie bei einem Spiegelbild und also anders als bei einem direkten Gegenüber enspricht dabei die links von uns befindliche Seite des Baumes in ihrer Bedeutung der linken Seite des Zeichners oder des Betrachters, ebenso entsprechend die rechte Seite.

Das, was der Zeichner an der linken Seite des Baumes gestaltet, hat einen Bezug zu seinem eigenen Selbst, zum seelischen Innenbereich. Das Rechts dagegen erlebt er als Beziehung zum Partner, «nach vorn» zur äußeren Welt. Links und rechts sind hier bedeutungsverschieden, aber zueinander polar: Die seitlichen Richtungen des Baumes werden nicht von der Frage nach seinem Wachstum, seiner Fortentwicklung zwischen Wurzel und Krone betroffen.

Anders das Unten und Oben. Diese Richtungen sind nicht nur in ihrer Bedeutung, sondern auch strukturell verschieden. Denn aus der Ursprungsmitte müssen Stamm und Krone nach oben streben: Der Stamm muß tragen, die Krone sich entfalten, verzweigen, belauben, Licht einatmen, Früchte bringen, während die Wurzel, nach unten drängend, für Ernährung und Halt in der Erde zu sorgen hat. Der Bereich der Wurzel weist auf die Thematik des Verankert- und Geborgenseins im vitalen Sinne hin, während Stamm und Krone die Persönlichkeitsentfaltung symbolisieren.

Von besonderer Wichtigkeit für die Baumbetrachtung ist die Gestaltmitte, in der das Gleichgewicht ruht. Hier, im Kronenansatz, ist das «Herz» des Baumes.

Die vier Diagonalen des Zeichenblattes erhalten ihre Bedeutung durch die Kombination der horizontalen und vertikalen Richtungen. Das Oben-Rechts bevorzugt der Aktive und der ehrgeizig nach vorn Drängende. Im Oben-Links wird der Schwerpunkt des im Wünschen und Streben nach innen Gekehrten, nach außen hin Kontaktscheuen und Gehemmten sein. Das Unten-Rechts betont der naiv Extravertierte oder Kontaktsuchende. Unten-Links finden wir Betonungen naiv in sich gekehrter, scheuer oder gehemmter Menschen.

Der gezeichnete Baum hat nicht nur die ihm eigenen Bedeutungsrichtungen, er hat auch seinen Ort im Zeichenraum. Der Baum des Kindes beginnt oft am unteren Blattrand, den es als Linie benützt. Ist das bei Kindern normal, so deutet das gleiche bei Jugendlichen oder Erwachsenen auf eine Entwicklungsretardierung, vielleicht auch auf Regression hin. Später steht der Baum frei im Raum, mit frei beginnenden Konturen oder mit gezeichneter Bodenlinie. Nach der Pubertät «steigt» er nach oben, eine phasenbedingte Erscheinung, die dem Idealismus und dem Theoretisieren in diesem Alter entspricht. Schließlich pflegt er wieder in seine Mittellage zu gelangen.[4]

Gelegentlich rückt der Baum an den oberen Rand des Blattes, wobei dann oft die unteren Teile zurücktreten (LI; die römischen Ziffern beziehen sich auf die Baumzeichnungen

---

[4] Zu unterscheiden von dieser raumsymbolischen Stellung des Baumes im Zeichenblatt und ihrer Veränderung in verschiedenen Lebensphasen ist die in etwa parallele Entwicklung des Verhältnisses von Kronenhöhe und Stammhöhe, wie sie Karl Koch statistisch überprüft hat (vgl. a. a. O. die Tabelle S. 82).

dieses Buches). Seltener findet man einen Baum, dessen Stamm sich an einen seitlichen Blattrand drängt.

Besonders bei Jugendlichen kommt gelegentlich ein Baum vor, der schon am unteren Blattrand ansetzt und noch den oberen Rand des Zeichenblattes sprengt (XXXVI). Dies legt den Hinweis auf eine diskrepante Entwicklung nahe: Der Zeichner löst sich nicht aus seinem Kindsein; er möchte weiterkommen, aber er tut dies diffus und ohne Realitätsbezug.

Nachdem wir den Baum dem ersten Eindruck nach aufgenommen und ihn in seinem raumsymbolischen Bedeutungsgehalt betrachtet haben, wenden wir uns dem «Organismus Baum» in seiner *inneren Struktur* zu.

Wie jeder Organismus ist der Baum ein lebendiges Gebilde, das nicht nur seine räumliche Gestalt hat, sondern auch seine Entfaltung in der Zeit. Unser natürlicher Ausgangspunkt ist deshalb die Ursprungsmitte, von der aus sich der Baum im irdischen Raum entfaltet hat. Er ist in zweifacher Weise wichtig.

Zum ersten gehen von hier die beiden Entfaltungsrichtungen aus. Wenn der Baum aus dem Samenkorn keimt – nicht anders und oft nicht größer als eine Zinnie, Wicke, Bohne oder Erbse –, so sproßt er zugleich nach unten, der Erdmitte zu, und ist nach oben dem Licht, der Schwerkraft entgegengerichtet. Diesen Ursprung sieht man dem ausgewachsenen Baum nicht mehr unmittelbar an. Aber die Seele des Zeichners «weiß» ihn. Die Ursprungsmitte des Baumes ist im *Stamm-Wurzel-Ansatz* bewahrt, der Stelle zwischen aufsteigendem Stamm und absteigenden Wurzeln. Das gibt dieser Stelle an der Baumgestalt ihre entscheidende Bedeutung. Von hier aus muß sie in ihrer Entfaltung «gelesen» werden.

Zum zweiten ist dies die Stelle, von der aus der ganze entfaltete Baum «getragen» wird. Diese «Tragfähigkeit» weist ebenfalls auf seinen Ursprung zurück. Der Baum spricht uns unmittelbar zunächst mit seiner ruhenden Statik an. Bei einjährigen Pflanzen hat man das erste, freudig begrüßte Keimen noch nicht ganz vergessen, wenn schon die Frucht geerntet wird. Wer denkt aber beim Anblick der fünfzig- oder gar hundertjährigen Baumpersönlichkeit noch an den Keim, aus dem sie geworden ist? Bei einjährigen Pflanzen werden wir leicht an die Dynamik des Wachstums erinnert. Beim Baum dagegen denken wir eher an die Statik dauernden Seins. Aber auch der Baum ist gewachsen und nicht wie ein technisches Gebilde in seiner Statik fertig kalkuliert.

So ist der Stammansatz die Stelle, an der sich sowohl die Thematik der Vergangenheit, die des Werdens in der Kindheit, ausdrückt als auch die, an der das Problem des Tragenkönnens, der «Tragfähigkeit» erscheint. Seelisch «tragfähig» pflegt zumeist der Mensch zu sein, der sich vor der Pubertät unbefangen sicher in der Geborgenheit eines «Wir» fühlte, sich mit ihm identifizieren konnte. Die gesunde Daseinsentfaltung vollzieht sich natürlich vor allem in der heimatlichen Geborgenheit des selbstverständlichen «Wir», in das der Mensch hineingeboren wird. Doch muß die Thematik, die an dem Stamm-Wurzel-Ansatz abzulesen ist, nicht unbedingt die Kindheit betreffen. Wenn das Bedürfnis nach Geborgenheit überwiegt, so kann sich dies auch bei gut verlaufener Kindheit an dieser Stelle ausdrücken.

Ein gesund gewachsener Baum mit guter Tragfähigkeit hat gewöhnlich einen sanft aufschwingenden Übergang von der Wurzel zum Stamm. Erscheint er in der Zeichnung dünner als der nach oben hin breiter werdende Stamm, so läßt das auch beim Zeichner eine schwache Basis vermuten (XLIV). Auf Schlaffheit, die von Überlastung herrührt, weist ein aufgequollener Wulst am Stammansatz hin (IX). Mangelnde Tragfähigkeit aus Schwäche drückt sich in einer Verengung aus, die unter Umständen wie durch einen Keilhieb entstanden aussieht.

Wurzeln werden beim Baum-Test nicht immer mitgezeichnet, wie sie ja beim wirklichen Baum gewöhnlich nicht zu sehen sind. Wenn sie gezeichnet werden, so können wir vermuten, daß sie etwas über den Zeichner aussagen; nicht dagegen kann man unbedingt auf mangelnde Verwurzelung schließen, wenn die Wurzeln in der Zeichnung fehlen. Kinder vor der Pubertät setzen, wie erwähnt, oft den Stamm auf den unteren Blattrand. In der Jugendkrise dominiert die Problematik der Persönlichkeits-Entfaltung derart, daß Wurzeln oft ganz vernachlässigt werden. Dagegen gibt es außerordentlich ausdrucksvolle Wurzelzeichnungen, wenn das Thema der Verwurzelung im konkreten Leben im Vordergrund steht und vielleicht sogar das der Entfaltung der Persönlichkeit in den Hintergrund treten läßt (XII, XX, XXI).

Während Kronenansätze in differenzierter Form altersentsprechend zugeordnet werden können, ist dies für Wurzeln nicht der Fall.[5] Das läßt sich daraus erklären, daß die Ver-

---

[5] Eine Bestätigung hierfür geben die statistischen Überprüfungen von Kronenansatz und Wurzelarten bei Koch. Beim ersteren hat besonders

wurzelungsproblematik schlichter und von Geburt an immer in gleicher Weise relevant ist, während die Ausformung der Persönlichkeit, die sich im Kronenansatz zeigt, verschiedene Stadien durchläuft. Deshalb können wir aufgrund der Wurzeln zwar recht gute Schlüsse auf die Art des Verwurzelungsproblems ziehen, kaum jedoch auf Regressionen, Retardierungen, Infantilismen. Fransenwurzeln, Röhrenwurzeln, Strichwurzeln zeichnen Kinder ebenso wie Erwachsene. Um so eher kann die Art der Wurzelzeichnung Hinweise auf die individuelle Problematik geben. Ein junger Mensch, der sich im Ablösungsprozeß von seinem Zuhause absetzt und gleichsam die Wurzeln aus dem familiären Boden zieht, um die volle Kraft dem Drang nach selbständiger Persönlichkeitsentfaltung zukommen zu lassen, kann einen Baum zeichnen, dessen Wurzeln frei und schlaff herunterhängen. Ein anderer, der durch Milieustörungen in der Kindheit keine Verwurzelung erlebt hat und nun nichts als diese entbehrt und sucht, zeichnet drängende, nach Halt suchende Wurzeln (XX, XXI).

der Lötansatz (Lötstamm) eine eindeutige Entwicklungslinie, die mit dem Einbruch der Pubertät abgeschlossen zu werden pflegt; er fand sich in folgender Alterszuordnung: 7jährige 71,2%, 8jährige 44,2%, 9jährige 38%, 10jährige 22,5%, 11jährige 13,2%, 12jährige 0,9%, 13jährige 4,2%, von da an unter 1% (a. a. O. S. 155). Bei den Wurzeln dagegen findet sich kein Anzeichen für Entwicklungsstadien. Bei der «Doppelstrichwurzel», um ein Beispiel zu nennen, sehen die Zahlen so aus (einschließlich der Wurzelansätze über der Erde): 7jährige 0,8%, 8jährige 3,6%, 9jährige 4,5%, 10jährige 18,7%, 11jährige 12,4%, 12jährige 20,4%, 13jährige 10,8%, 14jährige 15,7%, 15jährige 13,2% usw. (a. a. O. S. 127).

Die Art der Wurzeln – man möchte fast sagen: das Verhalten der Wurzeln – ist zu unterscheiden von deren Zustand: es gibt starkwüchsige, die kraftvoll zupacken (I), und schwache, die sich nur gerade in das Erdreich tasten (XLIV). Es gibt aber auch gesunde und kranke Wurzeln, heile und beschädigte, spannkräftige und morbide. In diesen Unterscheidungen, die man sehen lernt oder bei ausreichender Unbefangenheit sofort sieht, liegt eine Möglichkeit subtiler Diagnostik. Die Bedeutung ergibt sich hier in unmittelbarer Analogie.

Wenden wir uns dem *Stamm* des Baumes zu, der vom gleichen Quellpunkt aus nach oben strebt, aus dem die Wurzeln sich nach unten hin erstrecken. Er ist in seiner optisch zentralen Stellung das nie zu Übersehende, das, was in keiner Zeichnung fehlen kann. Der Stamm ist es, der den Baum vom Strauch unterscheidet, ihn zum «Baum» macht. Der Stamm ist der Inbegriff der Substanz, das zeitlich Bleibende am Baum, dessen Stoff, das «Holz», sogar den Baum selbst überdauern kann: der Baumstamm geht, wenn Blätter, Wurzeln und Gezweig längst wieder Erde geworden sind, umgeformt in die Kultur des Menschen ein. Hier kann er tausend Jahre «leben»: in Schiff, Haus oder Kirche, als Schwelle oder Dachfirst. So ist er seinsbezogen und überdauernd wie sonst nichts am Baum.

Der Baumstamm ist überdies das Symbol des Aufrechten, des Starken, des Tragenden. Der Stamm trägt die Krone, die durch den Hinweis auf die Selbstentfaltung der Persönlichkeit bedeutungsvoller Ausdruck von Aufgaben und Möglichkeiten des Menschen ist.

In der Zeichnung fällt uns zuerst der Baumstamm als Gan-

zes ins Auge. Er ist stark oder schwach, gerade oder krumm.
Dann erst ergeben sich Fläche und Kontur, Aststümpfe,
Wunden. Der Stamm ist nicht stark, wenn er nur dick ist.
Es gibt dicke Stämme, die weniger tragfähig wirken als
schlankere. Und ein dünner Stamm muß nicht schwach
sein, ebensowenig ein gebogener.

Auf dem Zeichenblatt ergibt sich der Stamm vor allem
durch die vertikalen Konturen, die raumsymbolisch nach
rechts und nach links weisen. Die dazwischen liegende Fläche zeigt den Stamm selbst mit seiner dem Betrachter zugewandten Seite. So sind die Seitenlinien als Abgrenzung
nach links, zum Innerseelischen hin, und nach rechts zum
Partner und zur Außenwelt von Bedeutung. Dazwischen
zeigt sich die Oberfläche des runden Stammes, dessen eigene Beschaffenheit differenzierter ausdrückend, als die Konturen allein es könnten. Zugleich liegt sie dem Betrachter
zugewandt in der Mitte zwischen den seitenbezüglichen
Konturen und spricht diesen selbst gleichsam an.

Der Stamm ist Symbol des Einzelnen im sozialen Miteinander, das auf ein «Nebeneinander» gegründet ist. Er gibt uns
Hinweise auf die Soziabilität des Zeichners – nicht schon
auf seine Humanität, die eher in der auf «Füreinander» bezogenen Kronenart zu finden ist. Die rauhe Rinde (XLIV),
der harte Strich der Stammkontur (XLIX), die rissige, verletzte «Naht» zur Umwelt hin (XII) sind Hinweise auf die
Schwierigkeit der Anpassung. Der weiche, tonige (XXVI)
oder zarte (XV) Strich, die glatte, zügige Konturierung
(XXVII), die Schattierung der Stammfläche (V) lassen auf
arglose und reibungsfreie Kontakte schließen, aber auch
entsprechend auf Verletzbarkeit aus Ungeschütztheit.

Verfolgen wir nun den Stamm in seiner Wachstumsrichtung vom Keimansatz nach oben hin. Wenn er tief ansetzende Äste bildet: sind sie gesund? Wie sind die beschaffen? Wenn er solche untere Äste zugunsten der Krone abgeworfen hat: entspricht es einem gesunden Wachstum, dies zu tun? Wenn wir Stümpfe mit Narben sehen: wirken sie natürlich entstanden, den Gesetzen der Natur folgend, die absterben läßt zugunsten neuen Wachstums? Oder gab es Windbruch, gab es willkürliche Axthiebe, gab es Krankheit und Verfaulung? Nicht daß der Ast jetzt hier fehlt ist in erster Linie wichtig, sondern wie sein Fehlen verursacht worden ist.

Ein Stamm, der eine Baumkrone «trägt», kann fast parallel nach oben streben; er kann auch leicht konisch verlaufen, nämlich nach oben hin schlanker werden. Nicht tragfähig jedoch ist er, wenn er an seinem Ansatz schwach oder gar eingeknickt ist, wie oben schon beschrieben wurde.

Der Stamm als Tragendes hat wie eine Säule zwei Schwerpunkte in dieser seiner Funktion des Tragens; an der Basis und oben an der Krone. Symbolisch steht die Basis für die Tragkraft aus der ursprünglichen, naturhaften Verankerung in Heimat und Familie oder Gruppe. Die Art und Weise, wie die Krone getragen wird, verweist auf die dienende Aufgabe, die Entfaltung von Laub, Blüten und Früchte zu ermöglichen: Symbol für die Fundierung der Persönlichkeitsentfaltung. Für den Berater legt sich nahe, daß er den unteren Stammansatz als Hinweis auf die elementare Ausgangssituation, die vitale Grundlage des Zeichners betrachtet. Dagegen liegt in Aussage und Symbol des oberen Stamm-Endes schon der Ansatzpunkt zu

einer Forderung. Aus dieser unterschiedlichen Bedeutung der Stamm-Enden erklärt sich auch, daß man beim unteren Stammansatz nicht oder kaum von Retardierungen sprechen kann, das obere Stamm-Ende als Übergang in den Kronenansatz dagegen geradezu die Domäne gut abgesicherter Aussagen über Stagnationen, Retardierungen oder Regressionen der Persönlichkeitsentfaltung ist.[6]
Wir fragen nun als nächstes nach dem *Kronenansatz* selbst. Er wurde schon das «Herz» des Baumes genannt, was seine zentrale Bedeutung für die Lebensberatung zum Ausdruck bringt. Hier zeigt sich nicht nur in der Entwicklung Vorgegebenes, hier setzt auch die Aufgabe der Selbstgestaltung des Menschen ein. Der Berater hat hier eine besondere Möglichkeit, Ansatz und Stand der Persönlichkeitsentwicklung zu ersehen.
Das Kind läßt die Krone wie einen Strauß aus Strichstamm oder Doppelstrichstamm erblühen (II, III, IV, V). Im realistischen Großkindalter «denkt» es den Baum: es addiert. Hierdurch entstehen der Lötansatz (XXVI), der Knotenansatz (XL), der Kugelansatz (XXXII). Dann wird die Phase der additiven Darstellung überwunden, die Krone wird nicht mehr einfach aufgesetzt, sie umgibt jetzt das Ende des Stammes, der sich nach oben zu verjüngt: der Keilansatz oder Kegelansatz entsteht (XXIX). Er kann sich lange durchhalten und scheint noch oft bei ausgereiften Bäumen durchs Geäst (XXXI).
Der Durchbruch zur organischen Erfassung des Baumes «geschieht» dem Kind zur Zeit der Pubertät, wie ihm der

---

[6] Diese schon bei Koch hervorgehobene Zuordnung ist auch durch die eigene Praxis erhärtet worden.

Aufbruch in seine eigene Innerlichkeit zu dieser Zeit geschieht – ein Es-Erlebnis emotionaler Reifung, kein Lernerfolg. Diese Zeit, in der das Thema der eigenen Entwicklungsrichtung und des Lebenssinnes erwacht, ist zunächst durch innere Richtungslosigkeit bestimmt. Der damit verbundene Libido-Stau hinterläßt auch in der Handschrift Spuren; der Schriftausdruck schwankt, der Strichcharakter ist jetzt teigig-trübe.[7] Entsprechend kann er sich im Kronenansatz zeigen: ein «Stau» der Ausfaltung, ein «Kropf» als Kronenansatz (IX, XIII). Der «Kropfansatz» ist weniger Symptom für Retardierung als für Ratlosigkeit: wie vor einer Wegkreuzung, an der man auf der Stelle tritt, weil hier die Orientierung fehlt. Bleibt diese Orientierungslosigkeit bestehen, so kann es zur Verfestigung der Verformung kommen (XLV), zur Auflösung der Form (XLIII), aber auch zu Rückbildungen wie zum Lötansatz (XVIII).
Wir gehen von der Natur des Baumes aus und sehen das Natürliche als Maßstab an: das ist die organische Ausformung der Äste und Zweige. Die Vorform, die dem am nächsten kommt, ist der Fingeransatz (XXXVII). Wie der Keilansatz findet er sich häufig noch in ausgereiften Bäumen als Andeutung. Wo er betont wird, ringt der Zeichner um seine Selbstentfaltung (XXXVIII, XXXIX).
Jetzt endlich sind wir bei der *Baumkrone*, Symbol des Menschen als Persönlichkeit in der Welt. Wenn der Ansatz der Baumkrone für die Diagnostik so wichtig war, weil er

---

[7] Vgl. hierzu Ursula Avé-Lallemant: «Graphologie des Jugendlichen» Band I, München-Basel 1970, Kapitel III–V. Der teigig-trübe Strichcharakter bezieht sich auf die Tintenschrift, während für die Baumzeichnung der Bleistiftstrich von Bedeutung ist.

gleichsam den Weg zur Persönlichkeit oder gar das Ringen um ihre Entstehung symbolisierte, so ist die Krone nicht weniger wichtig als Ausdruck der Persönlichkeit selber. Sie ist das Ziel des Menschen, der sein Kindsein durchlebt und erfüllt, um ein Erwachsener zu werden.

Um so wichtiger ist die Erfassung der Baumkrone als Ausdruck des Erlebnisbereiches der Persönlichkeit. In der Krone tummele sich eine Vielfalt von Gebärden, sagt Koch, womit schon angedeutet ist, daß sie der Ausdruck des Emotionalen ist.[8] Bei der Betrachtung der Baumkrone fragen wir also nach der Art und Gesundheit – Ungestörtheit – des emotionalen Kernbereiches der Persönlichkeit. Wenn in dieser Dimension des Seelischen noch einmal zwischen binnenseelischen und transitiven Erlebnishaltungen unterschieden werden muß[9], so drückt sich dies freilich in der Baumzeichnung nicht deutlich genug aus. Hier liefert die Handschrift differenziertere Aussagen. Gerade darum ist die Kombination beider in der Diagnostik besonders wertvoll.

Die Baumkrone entspricht also dem Innerseelischen des Menschen und somit dem Quellpunkt seiner Zuwendung zur Welt. Zeitlich fällt der Beginn dieser «Ausfaltung», die eine Vertiefung des Erlebens einschließt oder gar voraussetzt, mit der Pubertät zusammen. Mit einer Verunsiche-

---

[8] Koch, a. a. O. S. 40. Über die Gebärden im graphischen Ausdrucksfeld in ihrer Zuordnung zum emotionalen Bereich vgl. Ursula Avé-Lallemant: «Graphologie, Charakterologie und personale Anthropologie», in: Zeitschrift für Menschenkunde XXXI/4, Wien 1967, S. 200 ff.

[9] Dazu ebd. S. 201 f. Vgl. auch Philipp Lersch: «Seele und Welt», Leipzig 1941.

rung der bisherigen Identität beginnend, bringt sie selbst dann etwas dem Wachstum des Stammes gegenüber völlig Neues: Selbst wenn der Stamm seine volle Höhe erreicht haben wird, vollzieht sich das «Sprossen» an der Krone des Baumes sichtbar immer neu. Die Baumkrone symbolisiert in dieser ihrer stets weitersprossenden Pflanzennatur das beim reich angelegten und ungestörten Menschen nie aufhörende «Anwachsen» des seelischen Erlebens.

Von diesem Gedankengang aus werden auch die Störungen ihren Stellenwert bekommen, die sich auf Baumzeichnungen finden.

Die Krone des Baumes wirkt als Ganzes auf uns, wie uns zuerst der gesamte Baum als «Ganzheit» angesprochen hat. Schauen wir sie uns dann genauer an, so beginnen wir bei den Ästen, folgen den Auszweigungen und kommen schließlich zum Blattwerk. Zuletzt gleitet unser Blick zum – gezeichneten oder unbeachteten – Kronenrand, zur Grenze der Baumkrone gegen ihre Umwelt hin. Wie in einem Dialog zwischen Darstellung und Betrachter lassen wir uns zunächst ansprechen, dann fragen wir gezielt und holen uns die Antworten ab. Die Fragen, die wir an Äste, Gezweig, Blattwerk und Kronen«haut» stellen, sind vor allem die nach Stärke, altersangemessener Differenzierung und Ungestörtheit der Baumkrone und damit des Menschen als Persönlichkeit.

Äste und Zweige sind das Skelett der Krone: haltend, stützend, überdauernd und bei Schädigungen regenerierend. Sie sind es, die über Kraft und Differenzierung Auskunft geben. Äste und Zweige weisen auch die Richtung vom Innen zum Außen, von der Kronenmitte zum Kronenrand. Das Blattwerk dann symbolisiert das Wechselnde, das bald Ersetzbare: Frische des Erlebens oder Welken und Absterben in der Depression (XXVIII, XLI), subtile Ausformung oder diffuse Verquollenheit (IX). Sind Blätter gezeichnet, so können sie als Ausdruck der Gefühlsbeteiligung verstanden werden. Doch weist ihr Fehlen nicht auf den Mangel an Gefühlen hin.

Vom Kronenansatz über Äste, Zweige und Blattwerk vollzieht sich das Leben des Baumes analog dem des Menschen vom Herzen her zur Umwelt hin. Die Grenze der Berührung ist die Kronenhaut, das Außen der Krone. Die Kronengrenze kann sanft und zur Umwelt hin offen, aufgeschlossen sein (V, XLVII), was zugleich Ungeschütztheit mit sich bringt, wenn rauhere Einflüsse des Lebens kommen. Sie kann als «Kronenhaut» erscheinen, als Abschluß oder Abdichtung (XXVI), Verschließung und Schutz zugleich. Oder sie kann verhärten und verkrusten (XXXV), was eine Stagnation des seelischen Reifens zur Folge haben muß. Eine natürlich gewachsene Krone hat eine durchlässige Außenhaut, offen für Luft und Sonne atmet der Baum durch sie ein und aus. Genauso ist menschliches Reifen nur durch offenen Austausch mit der Umwelt möglich. – Die Krone selbst kann auch so buschig dicht werden, daß sie den «Selbstschutz» der Außenhaut ersetzt (XLIX).

Schauen wir noch einmal auf den ganzen Baum als Organismus zurück. Seine Entstehung und sein Wachstum wiesen uns den Weg zu seiner Anschauung. Der Ausgangspunkt von Stamm und Wurzel war der Ursprung aller Lebenskraft. Die Wurzel gab uns Hinweise auf das Thema der Geborgenheit. Der Stamm war Ausdruck für die Kraft des

Tragens, das Dauerhafte, für das Miteinander in der Welt. Der Kronenansatz schließlich führte uns zum Thema der Persönlichkeitsentfaltung. Die Persönlichkeit selber in ihrem Weltbezug fanden wir durch die Krone symbolisiert mit deren Ausfaltung in Äste, Zweige, Blattwerk und Kronengrenze.

Die Fragen waren dann vor allem: Hat der Baum genügend Kraft? Ist er, dem Alter angemessen, gut entwickelt? Und schließlich – Kernproblem für den Berater –: Ist er ungestört? Wo liegen seine Störungen, und was kann sie wohl verursacht haben?

All dies bezog sich zunächst auf den Baum in seinem Gesamtaufbau. Es gibt nun aber auch noch eine Reihe von *Einzelsymbolen,* die mehr oder weniger durch Erfahrung abgesichert sind, die aber schon zum tradierten Lehrgut gehören. Einige davon seien angeführt, mit dem Hinweis, daß die betreffenden Einzelheiten in der Zeichnung von Bedeutung sein *können* und dann Symbolcharakter haben, daß sie aber möglicherweise auch nur als unspezifischer Bestandteil in der Zeichnung auftreten. Das beste Kriterium für den Diagnostiker ist hier die Art der Betonung der betreffenden Stelle, wie sie z. B. durch die fixierende Schwärzung geschieht.

Wunden am Baum (XLIX, LV), meist am Stamm, lassen auf frische seelische Verletzungen schließen; Narben (XXXVI, XLIV) und Stümpfe deuten an, daß eine Verletzung stattgefunden hat und Spuren hinterließ. Schnittflächen (XII) können auf bewältigte Erlebnisse hinweisen. Stamm-, Ast- oder Zweigbrüche (XLII, L) zeigen meist Frustrationen an. Überkreuzungen von Zweigen und

Ästen (IX) lassen Komplikationen und Konflikte des seelischen Wachstums vermuten. Eine Fortsetzung von Zweigen «im Gegenzug» (ein Begriff aus der Graphologie), d. h. entgegen der Wachstumsrichtung, erscheinen oft bei charakterlichen Verbiegungen (XLII, XLIV). Gewirr in der Krone weist auf Unabgeklärtheit im Bereich des Emotionalen hin. Geschwülste entstehen aus der Stauung des normalen «Blutkreislaufes», des organischen Wachstums: Der Organismus verarbeitet nicht; er kann durch für sein Lebensalter zu hohe Umweltansprüche versagen (IX), aber auch durch Überlastung seiner Begabungsbasis (XIII). Spitzen und Forken an den Enden der Zweige (XVII) lassen Aggressivität erkennen, die sich auch bei passiven Naturen finden kann: Sie greifen nicht an, sie schlagen spitz und verwundend zurück; wir sprachen hier von Reaggressivität. Blüten lassen Selbstvertrauen und Zuversicht vermuten. Früchte können bloßes Attribut sein, wenn die Anweisung erfolgt: «Zeichne einen Obstbaum»; andernfalls können sie als Bereicherung oder als Symbol für Wunschdenken gelten (XX).
Der Zaun (VIII) ist Symbol für Geborgenheit, auch für Abgesperrtheit, schließlich für einsichtiges Stecken von Grenzen. Steine blockieren (XLVII), beschweren oder geben festen Grund, je nach ihrer Zuordnung zum Baum. Landschaft betont den Charakter des Atmosphärischen (LV), die Sonne den der Heiterkeit und Zuversicht (VIII). Steht der Baum auf einem Hügel (XLIX), so kann dies als Symbol der Isolierung und Einsamkeit verstanden werden; der Hügel kann aber auch verstärkter Ausdruck des «festen Grundes» sein (XII), auf dem der Baum stehen soll. –

Überall kommt es hier stets auf den Stellenwert im Ganzen der Zeichnung und auf den Kontext des Lebens an.

Endlich ist nun noch von der *graphischen Auswertung* der Baumzeichnung zu sprechen. Als Ergänzung der Symboldiagnose, die aus dem Erfahrungsbereich der Tiefenpsychologie stammt, hat August Vetter für den Zeichentest die graphologische Diagnose empfohlen, die der Charakterologie zugeordnet ist.[10] Was er im Hinblick auf den Wartegg-Zeichentest entwickelt, hat sich in der eigenen Praxis ebenso bei der Auswertung der Baumzeichnung bewährt.

In der Strichanalyse können wir vier Kategorien unterscheiden: 1. die Strichführung, 2. die Strichcharaktere, 3. Strichstörungen, 4. die Flächenbehandlung.

Die *Strichführung* kann *sicher* und zügig sein (XXXII); der Zeichner folgt einem Ziel, unbefangen und unirritiert. Oder aber sie ist *unsicher* (LX): Man tastet sich zaghaft voran, zögert, stockt, fährt fort, zögert wieder; der Zeichner ist irritiert, gehemmt, befangen. – Die Strichführung kann *unabgesetzt* sein (XXVI) – und zwar sowohl die sichere als auch die unsichere! –, indem der Zeichner das vom Auge anvisierte Ziel der Gestaltung Schritt für Schritt weiterverfolgt; gelegentlich kann man nicht einmal erkennen, wo die Linie begonnen und wo sie aufgehört hat. Der Hersteller der Baumgestalt hat das Bild vor Augen und führt es in unmittelbarem Kontakt mit dem Zeichenblatt aus. Anders

---

[10] Vgl. außer Maria Renner, a. a. O., August Vetter: «Die Zeichensprache von Schrift und Traum», Freiburg-München 1970, insbesondere S. 137 ff. – Unter graphologischer Analyse muß in diesem Zusammenhang die Diagnostik des Gesamtfeldes graphischer Ausdrucksphänomene verstanden werden.

bei *abgesetztem* Strich (I): Hier tritt der Zeichner gleichsam von seinem Werk zurück, überprüft es, nimmt den Kontakt von neuem auf. Distanz und Kontakt wechseln ab, Anschauen und Durchführen sind integrierte Vorgänge. – Eine Gestaltung kann vorwiegend durch aneinandergefügte *Einzelstriche* hergestellt werden (XLVII), die auf die starke rationale Beteiligung, auf die kortikale Steuerung der Handlung hinweisen. Oder aber der Zeichner verwendet den ausschwingenden *Pendelstrich* (XXXVI), der einer mehr passiven, an die Natur hingegebenen Haltung entspricht: *Es* schwingt aus, während *ich* es bin, der steuert.
Außer der Strichführung sind vor allem die *Strichcharaktere* von Bedeutung. Ihre Auswertung setzt freilich voraus, daß der Zeichner einen ihm gemäßen Bleistift benutzen konnte. Vetter unterscheidet hier vier Arten von Strichen. Der druckschwache Strich spricht von Rezeptivität: druckschwach und schmal, als *zarter* Strich (XXXIII), gefühlsbetont und sensibel kontrollierend; druckschwach und breit, als *toniger* Strich (V), empfindend, ursprünglich und unbefangen. Druckstärke besagt Aktivität: wenn schmal, als *scharfer* Strich (XXXII), kontrollierend, rational, wollend; wenn breit, als *fester* Strich (XXXVII), unmittelbar, naturhaft-spontan, triebgesteuert.
In der eigenen Praxis haben sich diese vier Strichcharaktere bei *Störungen* auch in negativen Ausprägungen gezeigt, gleichsam als ihre Deformation: ein *zart-fragiler* Strich (XXVIII) bei Schwäche und Unsicherheit, ein *tonigschwammiger* (XLIV) bei sinnlicher Verführbarkeit, ein *scharf-harter* (LI, XXXV) bei Tendenz zur rationalen Kompensation, und endlich ein *fest-deftiger* (L) bei Tendenz zur

unkontrollierten Triebdurchsetzung.[11] – Ein weiteres Störsymptom ist das des *gestückelten* Striches (LI). Hier wird die unsichere Strichführung mit der ständigen Kontrolle durch Absetzen und Neubeginn zu kompensieren versucht, was auf nervöse Konflikte hinweist. Der gestückelte Strich darf nicht verwechselt werden mit den Zerbrechungen oder Unterbrechungen des Schriftstriches, ebensowenig mit dessen «Lötungen»: Beide ergeben sich unter der Voraussetzung einer vorgegebenen und zu erfüllenden Schriftnorm und sind demnach viel stärker auf die Leistung bezogen, während Stückelungen durch psychische Gestaltungshemmungen auftreten. – Auch auf psychische Störungen und Konflikte, jetzt sogar mit wertvollem Hinweis auf deren Lokalisierung, lassen *«fixierende Schwärzungen»* schließen (XXXV, XLVIII, LV), die wie unter einem Zwang an einer bestimmten Stelle der Zeichnung erscheinen. Sie können mit einer Heftigkeit auftreten und unter Druck des Stiftes erfolgen, der das Zeichenpapier beschädigt.

In der *Flächenbehandlung* der Bleistiftzeichnung unterscheidet Vetter den *schattierten Strich* (XXX), der hell und warm tönt und die stimmungsbetonte Gefühlshaltung des Zeichners vermuten läßt, vom *schraffierten Strich* (VIII), der einsichtigerweise auf denkende Durchdringung und verstandesmäßige Überlegung hinweist. Schließlich ist auch der *konturierende Strich* (XLVII) ausdruckshaltig, der in der Umgrenzung der «Aussage Zeichnung» die rationale Kon-

---

[11] Diese auf Störungen hinweisenden Strich-Phänomene habe ich erstmals 1971 (Mainzer Kongreß für Graphologie) vorgestellt. Veröffentlicht in: Zeitschrift für Menschenkunde XXXVII/1–2.

trolle erkennen läßt. – Hinsichtlich der Flächenbehandlung des Baumstammes finden sich bei Koch zwei weitere wichtige Unterscheidungen. Wir finden einmal die *gedunkelte Fläche* (LV), die von der zarter wirkenden schattierten auch in der Diagnose zu unterscheiden ist. Sehr gut kommt dies bei einem von Koch erwähnten Hypnoseversuch zum Ausdruck, in dem bei der Anweisung einer Affektsteigerung verstärkte Dunkelung der Zeichnung erfolgt. Vorsicht in der Auswertung sollte hier bei kleineren Kindern walten, die an Farbstifte gewöhnt sind: Sie ersetzen die bei der Bleistiftzeichnung fehlende Farbe häufig durch dunkle Färbung von Teilen des Baumes. – Besonders wichtig für den Hinweis auf Störung sozialer Kontakte ist die rissige *gerauhte Fläche* des Baumstammes (XLIX). Wie im Sprachgebrauch die «rauhe Schale» eines Menschen ein schroffes Wesen mit «weichem Kern» bezeichnet, so liegt auch beim Zeichner der gerauhten Fläche häufig ein weicher und verletzbarer Kern der Persönlichkeit zugrunde.

Hier überschneiden sich wieder, wie bei der Baumzeichnung überhaupt, tiefenpsychologische Projektion und graphisches Ausdrucksbild.

ÜBERSICHT

In jeder Baumzeichnung kommt eine Persönlichkeit in ihrer Individualität und Einmaligkeit zur Aussage. Der Sinn dieses Buches ist es, solche Persönlichkeitsbilder anschaulich werden zu lassen: das heißt, die unbewußte Selbstdarstellung des Zeichners im Baum zu beschreiben und zu interpretieren, und damit zugleich ihre Möglichkeiten für die Diagnose sichtbar zu machen.

Die Betrachtung der Baumzeichnung erfolgt zu diesem Zweck aus fünf Aspekten. Zuerst wird der unmittelbare Eindruck wiedergegeben. Sodann befragen wir die Zeichnung nach ihrem raumsymbolischen Bedeutungsgehalt. Als drittes und als Schwerpunkt der Analyse untersuchen wir den Baum als Organismus mit dem Hinweischarakter des Natursymbols auf das Leben und Erleben des Menschen. Viertens schließlich differenzieren wir die Ergebnisse durch die graphologische Analyse der Stricharten. Und fünftens schließen wir mit Lebensdaten ab. Gelegentlich ist die Reihenfolge der Aspekte abgewandelt. Geschlecht und Alter sind jeweils auf der Zeichnung angegeben.

Wenn die Bäume Jugendlicher überwiegen, so weil sie sich als besonders ausdrucksstark erwiesen haben. Prinzipiell bringt die Baumzeichnung des Erwachsenen keine neuen Phänomene.

Die Notwendigkeit der Gliederung des Materials wurde dazu benutzt, den Einblick in die Aussagekraft der Baumzeichnung durch Vergleiche zu vertiefen. Zuerst findet man einen «optimalen» Baum (I) als Maßstab des Starken, des altersentsprechend Reifen, des Ungestörten – «ein Baum wie er richtig ist», wie eine Studentin einmal sagte. Dann folgen drei Strichbäume von Kindern, ergänzt durch Handschrift und Wartegg-Zeichentest zur Erhärtung der unterschiedlichen Aussagen (II–IV). Sie sollen einsichtig machen, daß die nur begriffliche Beschreibung und das «Lernen» des Baumes nicht die Anschauung ersetzen kann.

– Eine Anzahl von Zeichnern hat mehrere Bäume in Abständen von Monaten oder Jahren gezeichnet, aus denen der Entwicklungsverlauf hervorgeht (V–XVII). Weiter sind Zeichnungen von zwei Geschwisterpaaren beigefügt, die den Einfluß der Familienprobleme auf die Thematik des einzelnen zeigen (XVIII–XXI). Sie sind so ausgewählt, daß sie zugleich in einem Fall die vorwiegende Verwurzelungsthematik repräsentieren, im anderen die der Persönlichkeitsentfaltung. Besonders aufschlußreich für den Berater werden die nächsten vier Bäume sein (XXII–XXV), denn sie gaben unmittelbare Hinweise auf die Ursache einer Störung. Der größere Teil der dann folgenden Zeichnungen stammt aus dem Themenkreis der Persönlichkeitsentfaltung, die sich im Kronenansatz ausdrückt (XXVI–XLVI). Es folgen hier nacheinander Beispiele für Lötansatz, Keil- oder Kegelansatz, Kugelansatz, Fingeransatz, Knotenansatz, Kropfansatz, Strichansatz. Schließlich sind noch vier Zeichnungen beigefügt, die ihre Deutung besonders durch die Strichanalyse ermöglichen: mit je vorherrschendem zartem, tonigem, scharfem und festem Strich (XLVII–L). Der Rest der Baumzeichnungen zeigt verschiedene Bilder (L–LV).[12]

Lebensalter und Geschlecht sind jeweils auf der Zeichnung angegeben. Beim Lebensalter sind Jahr und Monat, durch ein Semikolon getrennt, angeführt; ist der Monat nicht bekannt, so wird die Ziffer durch einen Strich ersetzt. Für die Geschlechter erscheinen die üblichen Zeichen (♂ = männlich, ♀ = weiblich). – Die Ränder der Originalzeich-

---

[12] Zu den drei Bäumen I, XXIV und XXXIX werden Entwicklungsverlauf der Handschrift und Wartegg-Zeichentest in meiner «Graphologie des Jugendlichen» wiedergegeben.

nungen sind, wo erforderlich, durch Umrahmung oder angedeutete Begrenzungsstriche kenntlich gemacht. Umrahmte Zeichnungen sind im Original DIN-A5-Bogen, alle anderen DIN-A4-Bogen.

BAUM-TESTS

♀ 13;9

I

Üppig und doch differenziert wächst der Baum in der Mitte des Blattes, sein Standort ist durch einen kleinen Hügel betont. Alles wirkt gesund und voller Lebenskraft. Wir betrachten den Stammansatz, der sich gerade, fast steil aus dem Boden erhebt. Die Wurzeln sind etwas kurz und knapp im Vergleich zu der Wucht von Stamm und Krone; deuten sie auf den durch den Krieg bedingten Wohnungswechsel hin oder etwa auf das nur besuchsweise Auftreten des Vaters, der schon im dritten Lebensjahr der Zeichnerin nicht mehr wiederkam? Und doch: Wie eine kleine, feste Hand krallt sich die Baumwurzel ein. Nichts ist schlaff, keine Faser versiegt. Der klotzige, fast rechteckige Stamm wirkt nicht grob, denn die gewachsenen Konturen sind herausgearbeitet. Die Zeichnerin ist stark und belastbar, intensiv, und doch differenziert. Die Äste setzen organisch an und heben sich überdies schon tief vom Stamme ab: Der rechte Ast schwingt fast vom Erdboden aus in seine auswärtsbiegende Lage. Ebenmäßig folgt der linke untere Ast dieser Bewegung, so wie überhaupt keine Wiederholung, kein Klischee, aber überall Entsprechung, seelische Ausgewogenheit vorherrscht. Auch die beiden Mitteläste, die sich in der oberen Krone vereinen, gabeln und verzweigen sich nach den Seiten hin in ebenmäßiger Aufteilung des Kronenraumes. Die Zweige münden in Zweiglein, und alles ist umhüllt von Laub: Umhüllend und doch die mit scharfem Strich betonte Differenzierung im Innern verstärkend, deuten sie auf frühe Differenzierung des Gemütes hin. Der Stamm ist gedunkelt, gleichmäßig, warm; Ränder – Ausdruck der sachlichen Umweltbeziehung – sind mit großzügigen, sicheren und in längeren Phasen abgesetzten Strichen gezeichnet. Die «Kronenhaut» als Aussage des emotionalen Umweltkontaktes ist locker und verspielt, sensibel in aufgeweckter Rezeptivität, spontan, nichts verbergend, nichts verhüllend. Kraftvoll drängt der Baum in den Raum, ebenso kraftvoll atmet er ein.

Das Mädchen wächst als drittes Kind einer Kriegerwitwe in materiell schwierigen Verhältnissen und unter erschwerten äußeren Umständen auf (zweimalige Flucht, primitivste Wohnverhältnisse); trotzdem gesunde und glückliche Kindheit. Bruder und Schwester, beide älter; alle drei Kinder begabt; Zeichnerin besonders intensiv erlebend, kreativ und lebensvoll.

II

Leicht, locker, schwingend füllt der Baum den Zeichenraum, dessen Ränder sensibel respektierend.
Der «Stamm», ein Strichstamm, beginnt am unteren Ende des Blattes: altersgemäß für das sechsjährige Kind. Dann strebt der Strich nach oben, in zwei Ansätzen, zügig hingeworfen und leicht nach rechts zulaufend. Die Führung des Striches ebenso wie der Strichcharakter, den man an den Ansätzen scharf, an den ausschwingenden Enden zart nennen würde, lassen die innere Sicherheit des Kindes erkennen. Die vertikale Bewegung von unten nach oben allein beweist die lockere Haltung der Zeichnerin.
Unterhalb des «Stamm»-Endes beginnen die «Äste»: Der Ansatz rechts setzt tiefer an als der linke, er überschneidet den Stamm und führt diagonal nach rechts. Auch er ist sicher und zügig und nun fast als Gerade gezeichnet. Es gibt noch einige zarter gezeichnete Parallelen dazu im rechten Zeichenraum, die man eher zu den «Zweigen» rechnen könnte. Die Zeichnerin ist nicht nur von ihrem sicheren Gefühl geleitet, sie ist auch eine klare Denkerin. Dem ersten Ast, der vom Stamm ausgeht, folgen immer neue Rutenäste, Rutenzweige, die zum Teil ansetzen, zum Teil im Leeren beginnen, zuweilen einander überschneiden. Das ist vom Ausdruck her nicht Mangel an Können oder Sehenkönnen, sondern Großzügigkeit, eine legere Skizzierung.
Ein linker Ast beginnt im Leeren: trotzdem scheint er aus dem Stamm herauszuwachsen; der Eindruck des Organischen ist hier eher durch das Ebenmaß der Gestaltung be-

♀ 6;2

dingt als durch die Art des Ansatzes. Entsprechend zur rechten Seite verjüngen sich auch hier «Äste» und «Zweige», alles als locker schwingende und zart auslaufende Ruten gezeichnet. Sie führen jedoch nicht nach außen links, was spiegelbildlich zu erwarten wäre, sondern nach oben oder rechts: Die kreisende Bewegung der rechten Hand ist zu erkennen und ebenso das kontrollierende Auge, das

un oiseau chante doucement
dans le bois de sapins
son nid esr là sur une branche

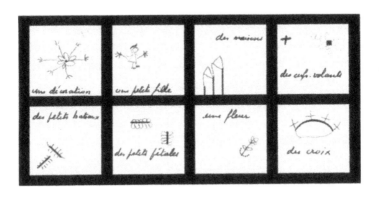

nicht erzwingt, sondern im echten Sinne die Gestaltung leitet.

Betrachten wir den Kronenansatz, so sehen wir den Strichstamm in wunderbarer Zartheit in einem ausgesparten Leerraum münden, der wie in einem locker gezeichneten Rhombus von Strichästen eingerahmt ist. Sähe man nicht das Künstlerische der Gestaltung, so würde man kritisieren, daß der rechte Ast den Stamm «zerschneidet», der linke den Stamm im Ansatz verfehlt. Ein anschauliches Beispiel dafür, daß man den Baum «sehen» und nicht seine Daten auswendig lernen muß.

Noch ein Blick auf den Außenrand der Krone: Er wirkt wie ein ebenmäßiges Ganzes, das sich in der Kronenrundung etwas dem eckigen Zeichenblatt anpaßt, jedoch nicht selbst eckig erscheint. Die Außen«haut» wird durch die sensiblen Endungen der Strichzweige gebildet, die wie freimütig ausgestreckte Fühler wirken, was die Unbefangenheit des Kindes betont.

Um die Aussagen des Baum-Testes zu erhärten, seien hier Handschrift und Wartegg-Zeichentest beigefügt. Sie zeigen in der Ausführung die gleiche Unbefangenheit, den Freimut, die Schulreife und das Können dieses ungestörten, begabten und geförderten Kindes.

Behütetes Kind großbürgerlicher französischer Eltern. Zeichnungen und Schrift stammen wie die beiden folgenden aus der gleichen Klasse einer Ecole maternelle.

III

Ein «Strich»-Baum, kindgemäß, locker in den Raum gesetzt, den die Zeichnerin respektiert.
Der Baum setzt am unteren Ende des Blattes an, wie meist bei Kindern dieses Alters, und führt unabgesetzt bis über das obere Drittel der Höhe hinaus. Der «Stamm» schwingt zart aus. Die Krone paßt sich an den Raum an, sie stößt nicht an, sie füllt ihn aus. Der Baum ist in der linken Hälfte des Blattes gezeichnet; er spricht von Vorsicht und Zurückhaltung gegenüber Umwelt und Aufgaben. In der Gestalt wirkt er unsicher, aber nicht gehemmt.
Zart und behutsam ist der Stamm an den unteren Blattrand gesetzt, und sorgsam, sehr genau beginnen je zwei Äste links und rechts am Stamm. Sie schwingen nicht aus, sie sind auch nicht verkrampft gezeichnet, sie sind gewissenhaft «geführt». Ebenso korrekt setzen die Zweige an den Ästen an. Kaum je verfehlt das Kind sein offensichtliches Ziel, den Ansatz genau zu treffen, selbst auf Kosten der Zügigkeit des Striches. Die letzten Verzweigungen werden hierdurch etwas unsicher, sind jedoch unabgesetzt und keineswegs verkrampft gezeichnet. Betrachtet man den Baum im Ganzen, so hat man wirklich so etwas wie eine Baumkrone, als eine – nach oben leicht geöffnete – Rundung, die durch die unteren Äste kelchförmig abgeschlossen wird.
Der Strich ist zart, an wenigen Stellen wird er durch den forcierten Bewußtseinseinsatz scharf. Er ist unabgesetzt, dabei etwas stockend, zumal an den Enden.
Französin in einer Ecole maternelle, wie II und IV kurz vor der Umschulung. Die beigefügte Schrift zeigt ihre Schulreife, jedoch

auch ihre Gründlichkeit, die Unselbständigkeit der Gestaltung und die Bemühung, sich am Vorgegebenen ängstlich auszurichten. Im WZT sind alle Zeichen aufgenommen. Bezeichnend für ihre Schüchternheit dürfte die zaghaft und genau gezeichnete Blume im Feld 1 sein. Weniger frei und locker als II, aber auch weniger schwer und gedrückt als IV.

un   oiseau   chante   doucement
dans   le   bois   de   sapins
Son   nid   est   là
branche   sur   une

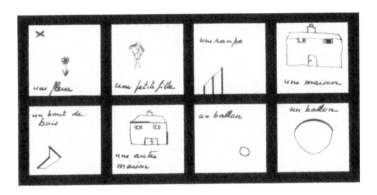

♂ 6;5

IV

Der Baum erstreckt sich durch den Zeichenraum und läßt ihn dennoch leer erscheinen. Die Zeichnung ist ordentlich ausgeführt, sie entspricht ihrer Art nach durchaus dem Alter und Können eines Sechsjährigen. Der Strichstamm ist üblich, die Äste gehen sogar schon in diagonaler Richtung vom Stamm ab. Sie setzen

un oiseau chante douce ment
dans son nid est le bois là de sur une sapins branche

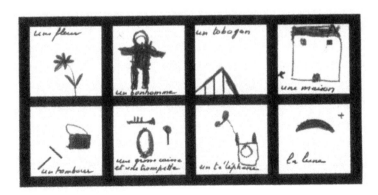

sorgsam am Stamm an, ebenso bemüht sich das Kind bei der Verzweigung offensichtlich um korrekte Ansätze der Ruten. Der Baum hat eine «Krone», die den Raum respektiert. Formal ist diese Zeichnung eine gute Leistung.

Der nach rechts versetzte Stamm wird durch die nach links gerichteten Äste und Zweige ausgeglichen, eine Bemühung des Zeichners um ausgewogene Behandlung. Bei der raumsymbolischen Auswertung muß offengelassen werden, ob der Zeichner Linkshänder ist.

Eine Darstellung organischen Wachstums ist von einem Kind dieses Alters nicht zu erwarten. Der Stamm setzt auf dem Schreibblatt auf – durchaus normal mit sechs Jahren –, der Kronenansatz läßt die Äste etwas unterhalb des Stamm-Endes beginnen, was fast eine gute Leistung ist. Ähnlich war dies bei den beiden vorher gezeigten Bäumen ausgeführt. Der Stamm ist in einem Zuge gezeichnet, auch die korrigierende zweite Linie wird in unabgesetztem Strich ausgeführt. Ebenso sind Äste und Zweige zügig durchgezogen. Das alles läßt vermuten, daß der $6\frac{1}{2}$jährige die intellektuelle Schulreife hat.

Was dagegen bedenklich stimmt, ist die teilweise Erstarrung der Striche, besonders bei der Ausführung des Stammes. Die Strichführung ist zwar unabgesetzt, aber nicht zügig. Der Strichcharakter ist fest bis hart, zum Teil auch (linker «Ast»!) scharf-hart. Nicht ein einziger Strich endet zart und schwingend. Die Krone ist durch Geäst differenziert, aber nicht belebt: Das kontrollierende Auge steuert nicht die den Baum gestaltende Seele, sondern das abzielende Bewußtsein. Der Baum ist nicht spontaner Ausdruck, er ist gewollte Darstellung.

Bewußt auch wirkt die Grundform der Baumkrone: geformt zu einem Dreieck, nicht gestaltet zu Gewachsenem. Das «Herz» des Kronenansatzes zeigt – ungewollt entstanden – einen rechten Winkel, durch die Verlängerung des Strichstammes in zwei spitze Winkel unterteilt. Der Kronenrand ist nach oben offen, durch auslaufende Striche abgegrenzt. Von Umwelt (rechts) und eigenem seelischem Bereich (links) ist die Krone durch Linien abgesperrt.

Die mangelnde seelische Lockerheit der Baumzeichnung wird bestätigt durch die beigegebenen Ausdrucksbilder von Handschrift und Wartegg-Zeichentest, die die Gehemmtheit und Selbstunsicherheit deutlich zum Ausdruck bringen. Sie bestätigen den Eindruck grundsätzlichen Könnens: die Zeichen des WZT werden aufgenommen; die Buchstaben der Schrift werden beherrscht. Die Irritierung und Hemmung, die aus den Ausdrucksbildern spricht, ist seelisch bedingt und durch Milieueinflüsse und soziale Not hervorgerufen.

Kind sozial schwacher Eltern, ehrgeizig angespornt, durch unermüdliches Üben zu besseren Leistungen zu kommen, mehr durch Tadel als durch Ermutigung. Aus der gleichen Klasse der französischen Ecole maternelle wie II und III.

♀ 13;4

V

Der Baum wirkt wie ein schöner Strauß, der zwar keine Blüten trägt, der aber durch die sanfte Wärme des Striches selber blühend wirkt. Jungmädchenhaft, rein, verträumt paßt er sich mit vollendeter Harmonie in den Raum ein. Alles ist zarte Andeutung und doch klar in den Hinweisen: Der Stamm erhebt sich aus einem imaginären Erdreich, das hier einen Hügel bildet. Die Wurzel ist mit Strich skizziert, dagegen nicht eigentlich gezeichnet; man bleibt im Zweifel, ob der Stamm auf dem Boden aufruht oder durch Wurzeln verfestigt ist. Der zarte und doch kraftvolle Stamm steht gerade als Vertikale in der Mitte des Bildes, nur ganz wenig, wie zufällig, nach links versetzt; aus ihm entfalten sich üppig weiche, schwingende Ruten, die wohl Äste sein sollen. Auch der Übergang vom Stamm zur Krone bleibt angedeutet, wirkt aber doch organisch gewachsen. – Einen Übergang von Ästen zu Zweigen gibt es nicht: Die ganze Baumkrone ist ein Gezweig – dicht und füllig, und doch klar und in sich gegliedert. Ein sensibles und geordnetes Erleben, wie es scheint.
Die Darstellung des Organismus «Baum» in den Ausgliederungen von Stamm, Wurzel, Krone, Geäst ist in einer vollendeten Einheit gesehen, in der alles schon da ist, ohne im Einzelnen entfaltet zu sein. Die Zeichnerin lebt schlicht, unbefangen, ungestört auf der Schwelle zwischen Kindheit und Erwachen zur Frau, unwissend und doch unberührbar. Jedenfalls ist dies eine Seite ihres Wesens, die es zu bewahren gilt.
Die Baumkrone als Repräsentant des emotionalen Berei-

ches ist abgeschlossen, ohne umrandet zu sein: sie wirkt geschlossen und ist zugleich geöffnet. Die Enden der Zweige ragen empfindsam und weich in den Raum, verletzbar, aber doch gesund und stark in der Abwehr. Die Gefühlsbeziehungen zur menschlichen Umwelt und zum Partner sind warm, herzlich, unbefangen, selbstverständlich. Die Herzlichkeit wird nicht zur Weichlichkeit, die Kontaktfähigkeit nicht zur Mitläuferschaft oder Verführbarkeit.
Bemerkenswert ist die sichere Strichführung. Trotz der Sanftheit des Striches ist dieser in der Bewegung des Zeichnens nur abgesetzt, wo es sinnvoll erscheint. Hierzu paßt der ausschließlich tonige Strichcharakter, der dem Baum das Verträumte und Atmosphärische seiner Erscheinung gibt. Weder der Stamm noch das Außen der Krone sind konturiert, was bei dem sehr weichen Strich und den lockeren Spitzen des Geästes auf ein schier unbegrenztes Vertrauen zur Umwelt der Zeichnerin schließen läßt.
Der Baum steht harmonisch im Raum, fast bescheiden, und doch stark und eindrucksvoll in seiner Geschlossenheit. Man vermutet eine integre kleine Persönlichkeit, die weder mit sich selber noch mit den Partnern Probleme hat. *Einziges Kind aus harmonischer Ehe, großbürgerliche Basis. Großzügig erzogen, nicht verwöhnt. Schulische Leistungen ausreichend bis gut.*

VI

Dieser Baum stammt vom selben Mädchen wie der vorige; er wurde nur knapp ein Jahr später gezeichnet. Vergleicht man ihn mit dem früheren, so wirkt er wie eine aufgesprungene Samenkapsel: Stamm und Kronenansatz sind knorriger, die Krone entfaltet sich gereckt in den Raum, eher mager als licht wirkend. Sowohl der Stamm als auch das Kronen-Außen weisen jetzt deutliche Abwehrtendenzen auf. Der Wurzelansatz ähnelt in den Grundformen dem vorigen Baum; nur sind die drei damals angedeuteten Grundlinien, Erdreich oder Wurzeln, jetzt betont: Wieder wölbt sich die rechte etwas nach oben, ist jetzt jedoch geschwärzt und – selten für eine Wurzel – schraffiert. Der Hinweis auf die Verwurzelungs-Problematik ist nicht zu übersehen, und die Schraffierung läßt die Bewußtwerdung des Themas bei der Zeichnerin erkennen. (Das Kind lebt jetzt fern vom Elternhaus.) Da die schraffierte Linie mit schwärzender und somit auf Konflikte hinweisender Betonung den gesamten Rechtsrand am Stamm entlang bis zum Kronenansatz reicht, ist ein vorangegangener Konflikt mit dem Partner oder der Umwelt zu vermuten. Wieder ist die linke Wurzellinie sanft ausgezogen – die introverse Problematik tritt zurück –, und die Mittellinie reicht abgesetzt nach vorn unten, jetzt stärker und betonter als früher. (Es muß bemerkt werden, daß die Zeichnerin ihren ersten Baum nach dem Tage des Zeichnens nie mehr gesehen hat.) Die Fläche des Stammes ist hell getönt, jedoch ist auch die linke Stammgrenze jetzt mit scharfem und abgesetztem Strich konturiert. Die Zeichnerin wird sich ihrer selbst bewußt.

♀ 14;0

Auffällig ist nun vor allem die unmotivierte Verdickung am oberen Stamm-Ende. Hatte der erste Baum doch schon eine deutliche Tendenz zu organisch ansetzenden Ästen, so weist der jetzige Kronenansatz eher auf einen «Kropf» hin, den es früher gar nicht gegeben hatte: eine Art Regression, welche durch die offenbar plötzliche und vielleicht etwas abrupte Bewußtwerdung des Mädchens zu erklären wäre. Überdies weist die Schwellung am Kronenansatz wie auch an Ästen auf Entwicklungsstauungen hin, die der übrige Eindruck des Baumes bestätigt.

Von dem Knotenpunkt aus, der wie ein Verteiler wirkt, fächern sich fünf Äste in einem differenzierten Fingeransatz aus: Durch die Zahl fünf tatsächlich an eine ausgespreizte Hand erinnernd. Die Äste sind wie auch der Stamm durchweg gebogen bis verbogen; dies gibt dem spitzigen Baum etwas Gequältes. Die Zeichnerin scheint ihre unbefangene Kindlichkeit verloren zu haben. Äste und Zweige gliedern sich ebenmäßig aus, ein Hinweis auf Störungen ist nicht zu entnehmen. Die Krone greift jetzt weiter in den Raum als die des vorigen Baumes, sie drängt mit den Spitzen geradezu an die Außenränder. Und doch wirkt der Baum nicht lebendig und «blühend», wie der zuvor gezeichnete: Er wirkt mager, kahl, saftlos, erstarrt. Die Äste münden jetzt ausdifferenziert deutlich in Zweige ein, die spitzig und abwehrend den Außenrand der Krone abschirmen; Selbstschutztendenz? An der rechten Kronenseite verhäkeln sich die Zweige, diffus und mit unsicher abgesetztem Strich gezeichnet; verschiedentlich wirken die spitzigen Gabelungen der Enden wie Forken, auf Reaggression hinweisend. Das verträumte Mädchen hat in dieser kurzen Zeit offenbar

Selbstschutz und Abwehr entwickeln müssen, sei es vor eigenen Erlebnissen und Konflikten, sei es durch Konfrontationen mit der Umwelt, denen es nicht gewachsen war. Die Gestaltung der rechten Baumseite, nach «außen» weisend, läßt das letztere vermuten.

Das Mädchen war inzwischen umständehalber in eine neue Umgebung gekommen, die unerwartete Erfahrungen an sie herantrug.

VII

Der Baum steht starr und unlebendig im Raum, wenn auch sein Stamm tragfähig erscheint, seine Größe und aufgerichtete Gestalt potentielle Kraft verraten. Die Formen sind gebrochen, aber nicht rudimentär: Wir werden keine psychische Verkümmerung in den Erlebnissen der Kindheit suchen und schon gar keine unterwertige Anlage. Der «Windbruch», wie man sagen könnte, hat nur die Krone des Baumes betroffen und ist somit eher aktuell und in einer Störung des emotionalen Bereiches zu suchen.

Der Stammansatz am unteren Blattrand ist bei einem 10jährigen nicht ungewöhnlich; daß dennoch Wurzeln angedeutet werden, läßt freilich auf die schon aktuelle Thematik der «Verwurzelung» schließen. Die linke Abgrenzung des Stammes führt von unten in sanftem Schwung nach oben; sie deutet ein «Wachstum aus dem Erdreich» an, was den Intimbereich der Vergangenheit des Kindes positiv beleuchtet. Dagegen ist rechts ein gerader, tastender Strich heraufgeführt, der durch einen aufgesetzten, etwas schärfer gezeichneten schrägen Ansatz korrigiert wird: In der Zuwendung zur Umwelt ist die bisherige organische Entwicklung des Jungen nicht recht überzeugend. Die linke Stammlinie ist sanft eingebuchtet, ein Aststutzen bleibt unbetont. Die Wurzeln sind fransenartig am unteren Blattende angedeutet. – Der Stamm wird durch zögernd ansetzende, gelegentlich abgesetzte Striche konturiert; die Strichführung ist behutsam, nicht eigentlich stockend. Der Strichcharakter ist zart bis tonig, genauer zart-fragil bis tonig-schwammig, Ausdruck aktueller Irritiertheit.

Die Krone setzt sich im Fingeransatz vom Stamme ab und mündet in drei Äste, eine altersentsprechend reife Form. Der mittlere Ast ist bei weitem der stärkste und drängt steil in die Höhe: ein Zeichen für Thematik des Ehrgeizes und Strebens. Er verzweigt sich in der Spitze, die die Krone des Baumes zu überragen scheint, noch einmal in drei Äste. An diesen dann findet sich ein üppiges Gestrüpp, nicht herauswachsend sondern angesetzt: potentielle Entfaltungsmöglichkeit, die der Zeichner bei der derzeitigen Störung kaum realisieren könnte. Überwiegend drängen sich die Zweige dieses dominierenden Astes wuchernd und steil nach oben, so daß der Baum trotz der Anzeichen seiner Schädigung den oberen Rand des Zeichenblattes erreicht und gerade mit diesem letzten «Wachstums-Elan» eine Art forcierter Energie entfaltet. Auch die Strichführung ist hier flotter und besonders in den Spitzen zügiger und weniger zaghaft als in den übrigen Teilen des Baumes. Der Strichcharakter schwankt zwischen tonig-schwammig bis scharf-hart, beide Arten weisen auf Störungen hin: Beeinflußbarkeit und rationale Kompensation. Die Enden der Zweige münden, wie auch in den Seitenteilen der Krone, in Dolche oder Röhren: Aggressivität oder Ratlosigkeit. – Die rechte Seite der Baumkrone ist mit bemerkenswert mattem Strich gezeichnet, die Strichführung ist unsicher, der Strichcharakter tonig-schwammig. Hier kommt die akute Irritierung im Umweltkontakt zum Ausdruck. Am nach links ragenden Ast findet sich wiederum eine Kompensation des zugleich unsicheren und schwammigen Striches durch scharfharte Korrekturen, von einem Winkelzweig ergänzt. Überdies gibt es Brüche und Spitzen.

Der Baum ragt steil und gerade auf; er steht etwas links im Zeichenblatt. Wir können ein starkes, strebsames Kind mit betontem Selbstwertstreben vermuten, dies kommt in den vielen auf Rückschläge hinweisenden Brüchen im obersten Kronenbereich in erschütternder Weise zum Ausdruck. Wer den Baum zu deuten weiß, möchte dem Jungen Mut zusprechen, jetzt nicht zu resignieren. Das geschah auch, und die fördernde Zuwendung wurde belohnt, wie der folgende, 18 Monate später gezeichnete Baum zeigen wird.

Einziger Sohn begabter und gütiger Eltern, die sich beide in ihrem Beruf (Humanbereich) derart engagieren, daß das eigene Kind zwangsläufig «eine Aufgabe unter anderen» wird. Bisher ein guter Schüler, wird das plötzliche Schulversagen mißverstanden und das jetzt unkonzentrierte Kind zu besseren Leistungen aufgefordert. Erst spät ergibt sich das Spannungsverhältnis zum Lehrer, der die Diskrepanz von beflissenem Eifer und ständigem Versagen als Selbstüberschätzung abtut und zum Zeitpunkt der Umschulung in die weiterführenden Schulen das Urteil «nicht geeignet für die W. O.» fällt. – Aufgrund der früheren Tests und Handschriften und ermutigt durch die damaligen Leistungen schulen die Eltern ihn trotzdem um, verbunden mit einem «Neubeginn» auch in der menschlichen Zuwendung und in enger Zusammenarbeit mit den Erziehern.

VIII

Wer würde in diesem kräftigen, weitausladenden Baum den jenes gestörten und selbstunsicheren Schülers wiedererkennen, der um die Erlaubnis zur Umschulung bangte und dann tatsächlich als «ungeeignet» abgelehnt worden war! Die Basis des Stammes ist breit und kraftvoll, das Lebensgefühl hat sich stabilisiert. Die Wurzeln greifen aus in den Erdboden, das Erlebnis der «Zugehörigkeit» wird positiv beantwortet. Und die Krone erstreckt sich üppig und breit in den Raum, zwar noch etwas ungeformt und wuchernd, aber doch ungleich urwüchsiger.

Wieder finden wir den schwingenden Ansatz des Baumstammes auf der linken Seite, die auf ein offenbar gleichgewichtigeres Verhältnis und auf intimere Partnerschaft mit den Eltern als mit der übrigen Umwelt hinweist. Die rechte Seite der Stammbegrenzung ist jetzt zwar zügiger durchgeführt (der Umweltkontakt ist sicherer), aber vergleichsweise eckig, Bewußtheit und Distanz anzeigend. Der Stamm ist breit, jedoch nicht unförmig; er trägt die schwere Baumkrone in angemessener Kraft. Jetzt kommt die früher vermutete Stärke des Kindes zum Ausdruck. Die Konturierung des Stammes ist einmal abgesetzt, sonst aber mit zügiger Strichführung gezeichnet. Der Strichcharakter ist «tonig» (Wärme und Empfindsamkeit), die Schraffierung des Stammes dagegen eher zart. Hier sollte auf das seltene Phänomen der Schraffierung des Stammes hingewiesen werden: diese Flächenbehandlung weist auf Bewußtheit hin (Vetter), was in besonders hohem Maße auf dieses Kind zutrifft.

Auf etwa halber Höhe mündet der Stamm in fünf kräftige Äste ein, die sich im Fingeransatz breit ausfächern, jedoch schon einen lockeren Übergang zum organischen Ansatz andeuten. Wieder strebt die Krone mehr in die Höhe als zu den Seiten, was dem Ehrgeiz des Jungen entspricht. Jetzt drängt der Baum, schon vom Stammansatz an, sanft aber deutlich nach rechts außen, zur Umwelt hin, und sogar der Schwerpunkt von Ästen und Gezweig findet sich auf der rechten Blattseite. Das Kind hat sich inzwischen spontan und unbefangen den Mitschülern und Lehrern zugewandt! Das Laub drückt emotionales Erblühen aus, es zeigt sich über die ganze Baumkrone verteilt. Mit etwas starrem Strich sind rechts außen noch zwei Blättchen zusätzlich «angeleimt», womit das links etwas stärker vorhandene Laubwerk einen gewissen Ausgleich findet.

Die Spitzen und Haken – Aggressivität und Abwehr – an den Zweig-Enden sind ganz verschwunden. Noch vorhandene Röhrenäste (Ziellosigkeit) und die mangelnde Einpassung in den Raum lassen jedoch erkennen, daß dieser Junge eher hoffnungsvoll sucht, als daß er schon ausgewogen ist.

Beachtenswert ist der Unterschied der Strichcharaktere in den beiden Zeichnungen: Jetzt finden wir überwiegend tonigen, nicht mehr tonig-schwammigen Strich. Sporadisch tritt zwar feste Strichweise auf, aber ohne den verkrampften Charakter wie beim ersten Baum. Die Zweigbrüche sind ganz verschwunden.

Links im Hintergrund scheint die Sonne, die den positiven Eindruck des Bildes verstärkt. So kann man wohl auch den Zaun – Symbol von Geborgenheit wie auch von Beschränkung – hier als bergendes Element auffassen.

Der Übergang in die neue Schule und damit in die neue Umgebung ist geglückt: dank den vernünftigen und aufgeschlossenen Eltern und erfreulichem Einverständnis mit den Lehrern, die das emotional-weiche, aber intellektuell begabte Kind ermutigt und verständnisvoll geführt haben.

IX

Der Baum wirkt krank, verquollen, aufgedunsen. Er fügt sich zwar in den Raum und schließt mit ihm ab, er «quillt» aber an die Ränder des Blattes, er «wächst» nicht. Der Stamm ist dick, aber nicht kraftvoll; die Krone üppig, aber nicht blühend-ausgefaltet. Die Wurzeln gar füllen schlaff den unteren Blattraum – selten für dieses Alter! –, sie verwurzeln jedoch nichts, sie können aus dem imaginativen Erdreich keine Kraft vermitteln, die das Wachstum des Baumes ermöglichen würde.

Der Ansatz des Stammes zeigt den engsten Teil eines wulstigen «Schlauches» – so wirkt der undifferenzierte Übergang von Stamm und Wurzel –, und dies ist bereits Hinweis auf die Lebenssituation des Kindes. Berücksichtigt man das Alter des Mädchens, so wäre jetzt doch ein dem Identitätserlebnis des Kindes mit seiner Familie angemessener schlicht-tragender Stammansatz wünschenswert! Aber dieses naive Wir-Erlebnis der Kindheit ist längst gebrochen, wenn es je in harmonischer Weise bestanden hat. (Die Ursprungsthematik ist bewußt und bereits problematisch: Ursprung nicht im leiblichen, sondern im existentiellen Sinne. Das Kind wird überdies stark gefordert, überfordert, als Erwachsener behandelt; es hat nie wirklich spielen, Kind sein dürfen. Und doch wird es andererseits in strenge Normen gepreßt und autoritär gesteuert, so daß es weder die Freiheit der Selbstverfügung eines Erwachsenen noch die behütete Spielsituation des Kindes kennt.) Vom Ansatz dieser schwächsten Stelle des Baumes aus entfalten sich morbide Wurzeln in den unteren Raum und ein qualliger

Stamm in den oberen. Beginnen wir mit dem Stamm als der Basis: Während er an der rechten Seite einen geraden Abschluß (zur Umwelt) hat, der in zart-fragilem Strichcharakter und in unsicher abgesetzter Strichführung gezeichnet worden ist, buchtet er zur linken Seite geschwulstartig aus; eine Wucherung an einem organischen Gebilde, die auf die Inkongruenz von Selbsterleben und Realität hinweist. Die Strichführung zur linken ist nicht unterbrochen, der Strich beginnt zart bis tonig und weniger fragil als rechts; er nimmt an Schärfe zu. Dies entspricht der Strichart, die das gesamte Bild kennzeichnet: im unteren Raum, die Basis (Natur) symbolisierend, ist sie zart bis zart-fragil, unsicher, tastend, während sie im oberen Bereich (Person) scharf und in der Krone sogar fest bis fest-deftig wird; die massive Reaktion im Bereich des Seelisch-Geistigen entspricht dem überforderten Gemüt des Kindes. Der Strichcharakter ist durchweg gestört. Der Ansatz des Stammes zur Baumkrone – Hinweis auf das Aufbrechen des innerseelischen Bereiches in diesem Alter – läßt an der linken Seite erneut eine Verengung erkennen, die in empfindsam-fragilem Strich gezeichnet ist. Hiermit ist die emotionale Unsicherheit der Zeichnerin ihren Mitmenschen gegenüber angedeutet. Rechts dagegen gibt es einen unmotivierten Kropf, eine mit tastend-abgesetztem Strich ausgeführte Geschwulst, die das Unnatürliche ihres Umweltkontaktes ebenso betont wie die unzureichende Voraussetzung für die Erlebnisse der Vorpubertät.

In der Mitte des fetten Stammes sind zwei Löcher, das linke tonig-schwammig, das rechte unsicher und fragil gezeichnet; für einen Verdacht auf aktuell werdende Traumata

sind die Stellen nicht betont genug. Darüber schwingen drei schmale Zweige aus, zwei davon spitz endend und auf den Versuch aggressiver Abwehr deutend: bei der Ratlosigkeit des Mädchens, die der Baum vermuten läßt, kaum mehr als der klägliche Versuch einer reaggressiven Selbstverteidigung.

Die Ausformungen der Äste lassen an eine Fingerform denken, wenn hier von Form überhaupt die Rede sein kann. Die Verdickungen an den Ästen, als Symptom für Entwicklungshemmung bekannt, nehmen hier Geschwulstcharakter an, wie er auch an Stamm und Wurzeln auftaucht. Wir müssen uns fragen, ob das Symbol nicht ein wichtiger Hinweis auf fehlende Entwicklungsbedingungen ist, die hier zweifellos vorgelegen haben. Die Strichführung der Äste läßt Druckschwankungen und Stockungen sowie Strichunterbrechungen erkennen. Der Strichcharakter ist an den zwei linken Ästen zart-fragil, am rechten Ast außen tonig und innen streckenweise fest.

Das gesamte Gezweig wirkt vergleichsweise üppig, wenn auch nicht gewachsen, sondern wuchernd. Stamm und Äste könnten nicht tragen, die Wurzeln den Baum nicht speisen. Die keulenförmigen Zweige sind aufgesetzt, die Richtung verläuft parallel zu der der Äste. Die Form ist plump, die Endungen sind oft abgestumpft. Einige spitze Enden nehmen die Thematik der Aggressivität auch hier wieder auf. Die Baumkrone drängt sich an alle Ränder; dabei wirkt besonders das linke Geäst (auf das Introverse weisend) und das obere (die geistige Entfaltung thematisierend) wie in einen zu engen Rahmen forciert.

Bemerkenswert ist die Diskrepanz des fest-deftigen Striches

der Zweige im linken Kronenraum zu dem zart-fragilen Strich jenes Astes, aus dem die Zweige wachsen. Die stark emotionale Natur des Mädchens drängt, ohne sich angemessen realisieren und differenzieren zu können. Aufgenommenes wird nicht entsprechend verarbeitet, eigene Erlebnisse finden keine Resonanz bei den natürlichen Partnern ihres Alters, den Eltern. (Freunde mussten jeweils verlassen werden, ehe sich eine Bindung vertiefen konnte, weil die Eltern berufsbedingt ständig Wohnort und Land wechselten.)
Während die entfaltungsgehemmten Zweige auf der linken Kronenseite nach oben drängen – ein durchaus zuversichtlich wirkendes Moment im Bild –, hängen einige an der rechten, extraversen und auf die Umwelt bezogene Seite depressiv nach unten. Hier zeigen sich zum Teil geschwärzte Fixierungen, die Kontaktprobleme andeuten.
Das Außen der Krone wirkt drängend und stark – trotz des morbiden «Unterbaus». Falls in der Pubertät eine neue, jetzt persönliche Verwurzelungsmöglichkeit angeboten würde, könnte sich das lebenswillige Kind noch fangen, stabilisieren und entfalten.

Einzelkind sehr beschäftigter und gesellschaftlich verpflichteter Eltern, die nervös und ungeduldig mit der Tochter sind. Das Kind hat keinen geordneten Lebensraum gehabt, es wurde dem (wechselnden) Personal übergeben oder weniger geborgen als «abgesichert» allein gelassen. Durch die zu frühen Anforderungen an Verständigkeit und Einsicht wird das Kind schon früh vor die Problematik des Unverwurzeltseins gestellt, ohne daß es die Reife und Erfahrung hätte, damit etwas anzufangen.

X

Der zweite Baum des gleichen Mädchens füllt stark und drängend das ganze Zeichenblatt aus. Er wächst aus dem unteren Blattrand heraus; das Wurzelwerk verliert sich dort, ohne abgeschlossen zu wirken. Die Baumkrone drängt breit und üppig an den oberen Rand, ohne diesen zu sprengen oder grenzenlos zu überborden. Auffällig ist, daß sie in zwei Stufen angeordnet ist, deren untere ihren Schwerpunkt an der linken Seite hat. An der rechten Seite sind Laub und Gezweig eng und gedrängt, deutlich Kontaktstauungen ausdrückend. Doch paßt sich diese «Doppelkrone» nicht unharmonisch in den Raum ein.
Der Stammansatz ist nicht schwächlich, zeigt aber eine leichte Einbuchtung an der linken Seite, sie verrät die noch immer als etwas schwach empfundene Lebensbasis. Die klar und scharf gezeichnete Linie, welche bei der linken Wurzel vom Erdreich aufwärts angedeutet ist, führt in unabgesetztem Strich an der ersten Stufe der Krone vorbei bis in den linken Ast hinein und skizziert dessen Außenseite: Die Sicherheit des Erlebens hat zugenommen. Der Stamm wirkt tragfähig und gesund, auch die Konturen sind klar und sicher angebracht. Genau in der Mitte des Baumes, als das Zentrum der «unteren Krone» sehen wir wieder ein großes, aber mit nur leichtem Strich angedeutetes Loch. Auch dies ist mehr skizzenhaft ausgeführt, der umrandende Strich führt von oben rechts in einem Zuge unten herum bis zur annähernden Schließung der Umrandung. Das Loch wirkt wie die Konstatierung einer Problematik, kaum wie das Symbol für ein Trauma: sollte es eines ausdrücken, so nicht

ein drängendes. Auf dem Stamm deuten einige vertikale Linien in zarter Strichführung die Rundung an und führen damit in die dritte Dimension, ein Reifemerkmal; deutlicher noch kommt dies in dem perspektivisch gesehenen Erdreich zum Ausdruck. Die rechte Seite des Stammes verläuft mit kräftigem Ansatz, der zuerst in die Vertikale übergeht und dann eine kleine Einbuchtung nach links, anschließend eine ebenso sanfte nach rechts vollzieht: die schwingenden Linien lassen den Stamm lebendig erscheinen; die qualligen Formen sind verschwunden.

An der Mitte des Stammes setzt links ein kräftiger Ast an; er wächst nicht organisch, ist aber auch nicht aufgepfropft, sondern mit leichtem Schwung großzügig angegliedert. Der Ast verzweigt sich, keulenförmig, wenn auch ohne Verdickungen; das Ganze ist buschig belaubt, wobei die Blätter sanft gedunkelt sind. In der Mitte über dem Loch wächst ein Zweig heraus, fast zart im Vergleich zu dem übrigen Laub – und rechts ein kleinerer, aber gedrungener, stämmiger Ast mit stärker gedunkeltem Laub. Auch dieser weist auf eine Stauung oder gar Verkrampfung in den Umweltbeziehungen hin; verstärkt wird diese Vermutung durch den abgesägten Ast, der hinter dem rechten Zweig hervorlugt.

In neuem Elan entfaltet sich aus dieser in sich geschlossenen Mitte des Baumes in mehreren Ästen die eigentliche Krone. Die Äste bleiben im ersten Teil kahl, wie um eine Zäsur anzudeuten; dann gliedern sich reichlich Zweige aus – vielleicht noch zu üppig, um im einzelnen klar und kraftvoll zu sein. Jedoch finden wir keine Stauungen, keine Geschwülste mehr, und trotz des stockenden und oft unsicheren Striches, der zwischen scharf und zart-fragil schwankt, wirkt die Krone im Vergleich mit dem vorigen Baum gesundet. Die Zweige sind schlanker und straffer geworden, sie streben gleichmäßig an beiden Seiten aufwärts, mit einiger Forcierung an der rechten Seite. Bemerkenswert dicht ist das Laub der Krone, das an deren Außenseite fast eine schützende Hülle bildet, ohne doch abzudichten wie oft eine Kronen«haut». Das stark erlebende Mädchen hat sich positiv entfalten können und holt in ihrer Persönlichkeitsentwicklung sichtbar auf. Die Krone drängt sich an den oberen Rand; man kann Selbstvervollkommnungswünsche oder den Drang nach größerer Selbständigkeit und geistiger Entfaltungsmöglichkeit vermuten. An der rechten Seite der Krone ist das Laub stärker geschwärzt als an der linken: Die rechte Seite (Umweltkontakte) ist die «Problemseite» geblieben!

In hohem Maße ausdrucksvoll sind die in die rechte Kronenseite eingefügten spitzen Stacheln mit schwärzender Fixierung, die auf aggressive Kontakte hinweisen.

Von der üppig drängenden Baumkrone gleitet unser Blick noch einmal an den unteren Blattrand und vergleicht die unangemessen zarten Faserwürzelchen, die ein fast beziehungsloses Gelock im Boden abgeben. Das Erdreich ist horizontal in lockerem Pendelstrich tonig angedeutet, aber eine scharf gezeichnete Trennungslinie läßt die Distanz zur Kindheit vermuten.

Das Mädchen hatte zwei Jahre lang Zeit und Gelegenheit, sich in stetiger und ruhiger Umgebung zu konsolidieren. Anlaß zu dieser zweiten Zeichnung war ein gewünschtes Beratungsgespräch. Das Thema war der Drang nach größerer Selbständigkeit.

XI

Ein Baum, bei dem entschieden der Stamm das Zentrum der Aussage bildet; es bleibt offen, ob als das Tragende der noch diffusen Krone (bzw. ungeformten Persönlichkeit), ob als «Substanz» und somit stabile Basis, ob als das sozial Standhafte, sich Durchsetzende.
Der Raum des Zeichenblattes ist ausgefüllt, im oberen Teil wird er sogar schlicht ignoriert. Der Stammansatz steht etwas erhöht und greift mit seinen kronenartigen Wurzeln nach Halt, nicht unbedingt mit dem Erdreich verbunden. Der Stamm ist sowohl nach oben und unten als auch nach den Seiten hin so sehr Zentrum, daß Krone und Wurzel nur wie Attribute wirken.
Dieser Eindruck wird durch die Gestalt des Baumes noch verstärkt. Bei aller Sanftheit der Darstellung strebt der Stamm nach oben, drängt unauffällig, aber mit erstaunlicher Intensität. Der Wurzelansatz ist vergleichsweise schmal: Der nach oben breiter werdende Stamm und die nach unten ausladenden Wurzeln lassen dies deutlich werden. Wichtig ist hier Wachstum und Ausbreitung. Wachstum: ob zur Persönlichkeitsentfaltung hin oder aber zur intensiveren Verwurzelung im «Mutterboden» (was hier im doppelten Sinne verstanden werden kann), bleibt offen. Und wie breit sind die Möglichkeiten vorgegeben! Nichts ist forciert, nichts verbaut. Mit leichter Hand sind Baumkrone und Wurzel angefügt, angedeutet: für weitere Differenzierungen offen.
Die Strichführung ist abgesetzt, was der reflektierenden, auf Selbstkontrolle bedachten Zeichnerin entspricht. Nur

♀ 17;1

wo fixierende Schwärzungen auf Konflikte hinweisen, ist die Strichführung nicht bloß zügig, sondern heftig und rücksichtslos; so an der für ihre Problematik zentral wichtigen Stelle des linken Kronenansatzes, der introversen Gemütsentwicklung, mit der es im argen liegt: Das ehrgeizige Mädchen überspielt sich selbst. Der Strichcharakter ist überwiegend tonig, was der sinnenhaften Empfänglichkeit und durch Erziehung geförderten fraulichen Weichheit der Zeichnerin entspricht.

Der Baumstamm ist in der Fläche schattiert, an der linken Seite sogar gedunkelt. Die emotionale Wärme, die hier ausgedrückt wird, geht in der Tiefe des Gefühls zu Affekten über, die sich in der Folge entladen werden.

Asiatin aus reicher und angesehener Familie, in alter Tradition erzogen; eine ältere Schwester und ein jüngerer, nachgeborener Bruder. Durch die Geburt des Bruders treten die Rechte der Töchter zurück, was das hochbegabte und ehrgeizige Mädchen schwer trifft. Mit viel Charme stellt sie wenigstens ihre Schönheit und Weiblichkeit ins rechte Licht.

XII

Das zweite, anderthalb Jahre später entstandene Bild der gleichen Zeichnerin wird erdrückt von einem Baumstamm, dessen Wurzeln krakenartig nach dem Erdreich greifen. Der Baum wächst nicht, er krallt sich an die Erde. Der Baum entfaltet sich nicht zur Krone, er schließt durch einen (unbetonten) Schnitt oben ab: die Persönlichkeitsentwicklung ist «kein Thema».
Der Stamm steht etwas erhöht auf schräg nach rechts ansteigendem Erdreich – schon hier beginnt sich die Strebensrichtung von links unten nach rechts oben auszudrücken! Die dazugehörige Dunkelung reicht jedoch links bis an den unteren Bildrand; sie weist auf die affektive Verbundenheit des Mädchens mit Familie und Heimat hin. Oben stößt der Stamm wiederum an den Rand des Papiers, wozu die (vorzügliche) Zeichnerin den Kommentar abgab, sie habe gar nicht gemerkt, daß das Papier schon zu Ende sei. Die Konzentrierung auf das Thema Wurzel–Stamm ist erstaunlich und läßt auf die Vehemenz des Anliegens schließen, das hierdurch zum Ausdruck kommt. Rechts oben ist eine Sonne angedeutet, die jedoch schlaff erscheint im Vergleich zu der im Baumstamm ausgedrückten Eigenmacht der Zeichnerin.
Verglichen mit der früheren Zeichnung, ist der Stammansatz jetzt wuchtig, stark, elementar. Wie hoch könnte der Stamm noch sein, wie breit die Krone, und sie würden trotzdem von diesem Pfeiler lässig getragen werden! Er geht in ausladende Wurzeln über. Acht an der Zahl sind sichtbar. Und sie packen zu! Sie lassen nicht los, sie fordern

das Erdreich (Herkunft und Bereich familiärer Verwurzelung) aggressiv heraus! Links im Bild (Seite der Introversion und Vergangenheit) sind sie mit der Erde integriert. Rechts dagegen (Seite des Außen und der Zukunft) setzen die Wurzeln zusammenhanglos auf dem Boden auf, tasten sich vor, begehrend, aber ohne Wärme. Sähe man den Baum als ausdrucksstarkes Kunstwerk, wie etwa die «Revolution des Viaduktes» von Klee, so könnte man den Stamm von links unten nach rechts oben marschieren sehen. – Wenn auch der Stamm diesmal breiter ansetzt als auf der früheren Zeichnung, so zeigt er doch in der Mitte eine schmalere Stelle. Oben schwingt er dann wieder aus; dabei ist nicht das Thema Krone angezeigt, sondern das «Weiterwachsenkönnen», die Kraft zur Fortsetzung!
Baumstamm und Wurzeln wirken stark, überwältigend. Aber sie sind im Grunde kalt und leblos. Im Kontrast hierzu sprießen aus zwei links und rechts am Stamm sichtbaren Schnittflächen, überraschend zart gezeichnet, feine Reiser mit je einem Blättchen daran. Das Mädchen vermißt durchaus die seelische Kommunikation mit der Umwelt. – Im Hintergrund des Baumstammes sind Berge angedeutet: auch sie wie kahl und leblos wirkend.
Die Strichführung ist in dieser Zeichnung sicherer und oft unabgesetzt, sie wirkt aber heftig und rücksichtslos. Der Strichcharakter ist in den zartesten Teilen tonig, geht aber bald ins Fest-Deftige über und wird durch die «harten» Vertikalen auf dem Baumstamm ergänzt. Wirkt die Fläche des breiten Stammes schon aufgerauht und verweist sie somit auf die Problematik der Sozialisierung, so wird dies durch die rauhe Konturierung im fest-deftigen Strichcha-

rakter noch verstärkt. Daß die linke Seite von Stamm und Wurzel durchweg stark gedunkelt ist, läßt den Stau der Affekte vermuten, die bei der mangelnden Persönlichkeitsentwicklung naturgemäß nicht angemessen abfließen können.

Daß die menschliche Entwicklung ihr Problem bleibt, zeigt die fixierende Schwärzung oben links am Stamm an. Wenn auch die Emotionalität unentfaltet bleibt, so wachsen doch im Bereich des Äußerlich-Sozialen (am Stamm) zarte, allerdings nicht dauerhafte Triebe. Die Problematik dieser unzureichenden Weltkontakte wird noch durch die Schnittflächen unterstrichen, die Ausgangspunkte für die Triebe werden; die Bedeutung dieses Komplexes für das Mädchen wird durch fixierende Schwärzung betont.

Inzwischen war die Zeichnerin zur weiteren Erziehung und zum Studium in Paris. Das starke Mädchen hat sich in Europa dem ihr gemäßeren Leitbild der emanzipierten Frau angepaßt. Von ihrer Erziehung her ist sie dem aber nicht gewachsen. Ihr brennender Ehrgeiz drängt nach Leistungssteigerung, um ihren «Platz» in der Familie zu erobern, an die sie emotional gebunden ist.

XIII

Ein merkwürdig amorphes Gebilde, einer im Kellerdunkel treibenden Kartoffel ähnlich. Dennoch ist es die Antwort auf die Aufforderung: Zeichne einen Baum.
Der Baum wird auf dem querliegenden Zeichenblatt fast genau in die Mitte gestellt. Er setzt unten am Blattrand an, etwas breit und durchaus als Baumstamm. Nach kurzem Ansatz wird er jedoch zur Krone hin nicht schmaler, sondern mündet in einen Kropf, der weitaus die größte Fläche der Gestaltung einnimmt. Die Ausbuchtung ist asymmetrisch und wirkt dadurch noch geschwulstartiger. Bedenkt man, daß der Kronenansatz die «Mitte» der Persönlichkeit symbolisiert, so scheint die in der Pubertät normalerweise einsetzende Introversion einen schlechten Ausgangspunkt zu haben: Das ist nicht Ausdruck kindlicher Kraft und Fülle, sondern eines emotionalen Staus, dem ein angemessener Abfluß zur Umwelt fehlt. Dies wird durch die auf seelische Wärme hinweisende Schattierung des Stammes bei scharfer und linearer Konturierung noch betont. – Die «Äste» wachsen wie wuchernde Keime aus dem aufgebrochenen oberen Teil des Kropfes. Ein Gezweig gibt es nicht, an den Enden der wurmartigen Astgebilde sitzt je ein Blatt. Keine Differenzierung der Persönlichkeit, aber auch keine gesunde Schlichtheit.
Die Schattierung der Stammfläche wird durch scharfe Konturen der Äste ergänzt, bei leichter Dunkelung der Astfläche. Die Dürftigkeit der Baumkrone wird hiermit optisch, aber auch dies nur sehr oberflächlich, kompensiert. Die drei rechten Blätter an den Wurm-Enden sind fixie-

♀ 13;6

rend geschwärzt: eine Betonung des rechts oben; hiermit könnten die extravertierten Ambitionen des Mädchens ausgedrückt sein. Daß der dunkelste Teil der Zeichnung, die Blätter, an schwächsten fadenartigen Stielen hängen, ist so recht ein Ausdruck für die fehlende Kraft und Gesundheit einer normalen Persönlichkeitsentfaltung.

Ein seelisch schlicht organisiertes, «liebes» Mädchen mit knapp durchschnittlicher, reproduktiver Intelligenz, das durch ein ambitiöses Elternhaus in Äußerlichkeiten gedrängt und überfordert wird.

XIV

Der zweite Baum des Mädchens, anderthalb Jahre später, füllt den Raum restlos aus und breitet sich nach allen Seiten, ohne zu wachsen: im Gegenteil, der Stamm ist mit sicherem Schnitt nach dem unteren Viertel des Blattes gestutzt.

Der Baumstamm setzt wiederum unten am Blatt auf, ähnlich wie in der ersten Zeichnung, diesmal aber nicht an der Querseite. In diesem Alter kann hier schon auf eine Entwicklungsretardierung geschlossen werden. Wurzeln werden nicht gezeichnet, und die Problematik der Verwurzelung ist in der Tat kein Problem für das Mädchen: Sie ist geborgen in einer «familienstolzen» Umgebung, aus der sie ihr Selbstgefühl bezieht, von der sie angenommen und bestätigt wird. Das Wir der Familie trägt sie und – überfordert sie restlos. So dehnt sich alles nach außen, strebt an die Peripherie. Um den Raumanspruch zu erfüllen, wird die Mitte entleert. Der Kronenansatz wird durch ein Vakuum ersetzt, unter dem sich der etwas plumpe wie abgesägte Baumstumpf befindet, über dem die Blätter zusammenhanglos im Raum irren. Daß einige Blätter deutlich fallend dargestellt sind, läßt auf depressive Züge schließen: vielleicht durch emotional unverarbeitete Eindrücke.

Der Baum ist nicht organisch gewachsen, er hat sich aber, vom «Kropfbaum» der ersten Zeichnung her gesehen, in trauriger Weise und doch konsequent gewandelt (und so die kleine Persönlichkeit): Das liebe, aber im Zuschnitt dem Anspruch der Umwelt nicht gewachsene Mädchen ist in eine leere Selbstdarstellung gedrängt worden.

♀ 14;2

Der Strich ist tonig, die etwas rauhe Schraffierung des Stammes läßt schon die Schwierigkeiten in der Sozialisierung erkennen. Der sicherste Strich der Zeichnung ist der horizontale Abschluß des Stammes. «Äste» und Blätter sind zart-fragil bis scharf gezeichnet, etwas unsicher in der Strichführung, auf Selbstgefühlsstörungen und Kompensationen hinweisend.

Die äußerlichen Anforderungen der anspruchlichen Familie an das Mädchen haben sich nicht verändert. Die Entwicklung vom ersten zum zweiten Baum läßt durch die fortschreitende Deformierung erkennen, daß die Zeichnerin ganz offensichtlich von ihrer Umgebung überfordert wurde. Ihre relativ engen Grenzen wurden nicht gesehen. In einem kleineren Lebensrahmen hätte sie sich wahrscheinlich zu einem schlichten, aber seelisch gesunden Menschen entwickelt.

XV

Wuchtig und doch kahl, ausladend und doch gebrochen, stellt das Kind seine Lebenssituation dar. Der Baum füllt den Raum des Blattes: Großzügig, wenn auch etwas undifferenziert am unteren Rand ansetzend, streckt er sich in die Höhe und diagonal in beide oberen Ekken des Zeichenblattes. Der Stamm ist breit und stark und läßt auf eine tragbare vitale Basis des Zeichners schließen. Die Äste sind kraftvoll, sie steigen wie Kanonenrohre aus dem Schaft des Stammes. Für seine fast 13 Jahre zeichnet der Junge den organisch gewachsenen Ansatz des rechten Astes erstaunlich ausgereift; oft finden wir in diesem Alter noch den Keilstamm, gelegentlich sogar den Lötstamm. Es besteht kein Anlaß, eine Entwicklungsretardierung anzunehmen.

Auffällig ist jedoch, daß trotz der guten organischen Gabelung der Äste kein Gezweig, keine Baumkrone entsteht. Im Gegenteil: die kraftvollen Äste brechen an den Enden ab, wobei die Bruchstellen mit fixierender Schwärzung scharf markiert sind. Nur einmal finden wir eine glatte Schnittfläche. Sie ist am Ende des mittleren Astes, der nach oben wächst und damit die Strebensthematik ausdrückt. Wurde hier das kindliche Aufwärtsstreben frustriert? Gerade dieser Ast zeigt in erschütternder Weise außerdem in seiner Mitte eine Bruchstelle, wiederum mit scharfem Strich betont; aus dem Aststumpf wächst aber ein neues Reis als Symbol für neuen Lebenswillen. Die Blättchen sind behutsam ausgemalt, in ebenmäßiger Formung. Ähnliches Blattwerk sprießt an anderen Bruchstellen, zum Teil auch an den

♂ 12;11

Ästen selber; und ein am linken Stamm zur Seite der Innerlichkeit hin angesetzter, etwas unorganisch aufgepfropfter Zweig entläßt gar wie aus einem geöffneten Schnabel zwei kräftig sprossende Zweige. Was könnte besser das Brokenhome-Erlebnis der stark angelegten Persönlichkeit symbolisieren als dieser wuchtige Baum, der doch an allen seinen so gesunden Ästen wegbricht!? Und doch treibt er neu, wo immer sich eine Gelegenheit bietet. Der nach links angesetzte, mit forciertem Strich gezeichnete Ast weist auf das innerseelische Erleben hin und drückt den intensiven Wunsch nach Selbstentfaltung aus, die während der Pubertät in der Vertiefung des Gefühlsbereiches liegt. Die auf Frustrierungen hinweisenden scharfen Bruchstellen lassen daran zweifeln, daß ihm dies leicht gemacht wird! Stamm sowie Äste sind an den linken Seiten mit tonigem Strich gedunkelt: Ausdruck der introversen Thematik des Jungen. Das Vögelchen im Nest betont die Geborgenheitswünsche des Kindes.

Links unten, in der Richtung des Kindheits-Selbst, ist ein kleines Bäumchen gezeichnet, das wie ein Rückblick wirkt: In Rutenform mit üppigem Blattwerk wird die Krone angedeutet, jedoch der Kronenansatz, Ausgangspunkt der Persönlichkeitsentfaltung, ist wie abgeschnürt. So kann die Störung als Stagnation begonnen haben.

Die Eltern (wohlhabendes Bürgertum) sind geschieden und leben in gespanntem Verhältnis. Um den Jungen nicht dem Partner zu gönnen, schickt man ihn nacheinander in mehrere Heimschulen. Der ständige Kampf um seine Freizeit geht weiter. Das parteiische Werben beider setzt zwangsläufig den jeweils anderen Elternteil in den Augen des Kindes herab.

XVI

Spröde und spitzig, dabei nicht kraftlos: eher aggressiv wirkt der zweite Baum des jetzt fast 14jährigen Jungen. Wieder setzt der Stamm – sehr kindlich – am unteren Rand unvermittelt an: Eine Verwurzelungsthematik ist nicht ausgedrückt. Der Baum füllt den Raum des Zeichenblattes, doch wird jetzt die linke Seite wesentlich stärker betont. Nur die Spitze als Symbol des geistigen Strebens weist leicht nach rechts außen und deutet damit extravertierte Interessen an. Der Stamm ist stark und trägt jetzt ausladende Äste, die sich sogar, besonders an der linken Baumseite, verzweigen. Eine Entwicklung und Differenzierung der Persönlichkeit hat stattgefunden, wenn auch die blattlosen und spitzen Enden der Zweige auf Abwehr und Reaggression hinweisen. Die Ursache deutet der zart-fragile bis tonig-schwammige Strich auf der linken Seite des Baumes an, auf Rezeptivität und Störung hinweisend. Schärfe des Striches finden wir nur auf der rechten, dem Außen zugewandten Seite des Baumes, vor allem am Stamm Schroffheit und Aggressivität der Umwelt gegenüber anzeigend. Bemerkenswert ist die Bewegungsrichtung des Gezweigs: Rechts unten drängt ein Ast mit Zweigen konsequent nach oben, die Enden bilden starre Gabeln: Hier wäre beharrliches Streben im Vitalbereich des Begehrens zu vermuten, verstärkt durch die Eintönigkeit und Leere des Gezweigs. Die echte Zuwendung zum Partner fehlt jedoch. Dagegen zeigt die nach rechts sanft ausschwingende Krone, etwas isoliert wachsend, durchaus zarte Ruten. Hierin mögen sich die

intellektuellen Interessen technischer Richtung andeuten.
– Im Vergleich mit der früheren Zeichnung erkennen wir durchaus eine Weiterentwicklung, die jedoch die Unseligkeit des Jungen wiedergibt: nicht mehr die Geborgenheit ist sein Thema, sondern das Wie der Selbsterhaltung und Abwehr.

Die familiäre Situation hat sich eher verschlechtert, das Kind zieht sich mehr und mehr in sich selbst zurück.

XVII

Wir haben den dritten Baum desselben Jungen vor uns; mager, karg, brüchig wie absterbendes Holz reckt der schmale Stamm zwei dünne Äste fast parallel in die Höhe. Er sprengt nicht mehr den Rahmen des Blattes, wie der erste Baum – Erwartungen und Hoffnungen haben nicht mehr, wie damals, urwüchsige Kraft. Ebensowenig finden wir die gespannten Abwehraggressionen des zweiten Baumes mit seiner starren Spitzigkeit. Zeugte dieser doch noch immer von Lebenswillen, so drückt der dritte nur noch müde Resignation aus.

Der Baum setzt, wie die früheren, am unteren Blattrand an. Auch hier ist die Wurzel weder gezeichnet noch angedeutet, «Verwurzelung» scheint auch jetzt kein Thema zu sein. Wie bei den vorigen Bäumen geht es hier um die Möglichkeit der Selbstentfaltung, denn die ganze Ausdruckskraft liegt in der Krone oder doch dort, wohin eine Baumkrone gehört. Aber schon der Stammansatz, der den Baum doch tragen soll, hat sich geändert. War er beim ersten Baum breit und wuchtig, etwas konisch und von links nach rechts in den Raum ragend, so wurde er beim zweiten Baum schmaler und starrer und ist jetzt zum Stämmchen geworden. Die Strichführung ist abgesetzt, unsicher; der Strich ist tonig-schwammig und mürbe. Die Krone beginnt mit einer Gabelung; die Äste sind etwa gleich stark wie der Stamm, so daß die Baumgestalt wie eine Forke wirkt. Die Äste «wachsen» nicht, wie beim ersten Baum, und sie sind auch nicht bewußt aufgesetzt wie beim zweiten: Unsicher tasten sie sich aufwärts. Die Baumkrone, Hinweis auf die

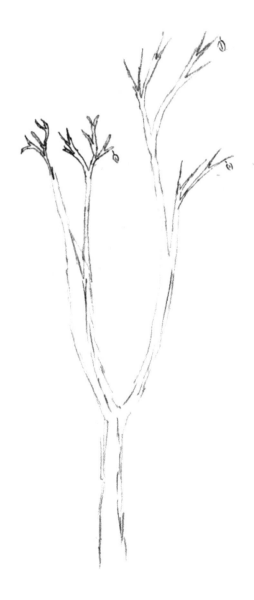

♂ 14;8

Emotionalität und Strebensrichtung eines Menschen, läßt hier auf eine Spaltung von introversen und extraversen Strebungen schließen. Sie hat sich inzwischen auch wirklich vollzogen: Die Gefühlsbindungen gelten der Mutter, die materiellen Interessen suchen beim Vater Erfüllung.
Die Strichführung der Äste ist stockend und abgesetzt, sie zeigt Unsicherheit; der Strichcharakter ist tonig-schwammig und weist auf Verführbarkeit hin. Noch einmal gabeln sich die Äste und bilden eine nunmehr in vier Spieße ausdifferenzierte Forke. Die vier Forken-Enden verzweigen sich: stachelige Spitzen, wie um etwas aufzuspießen.
Dabei fällt auf, daß der Zeichner die Spitzen der rechten Äste weiter in die Höhe ragen läßt; es wird die extravertierte Richtung des Strebens sein. Die linken Spitzen sind dagegen schärfer betont und laufen zum Teil in Hakenformen aus: Sie könnten auf Gewissenskonflikte hinweisen.
Das Blattwerk, Symbol für Gefühlsbeteiligung, ist nur noch durch drei Blättchen angedeutet. Auch diese fallen gerade ab.
Die Situation des Jungen ist durch die feindselige Isolierung der Eltern emotional hoffnungslos geworden. Er betonte, wie fein er es gelernt habe, gewisse «Spitzen» und Schikanen in seiner Umwelt anzubringen: ein armseliges Zeichen seines letzten, schon pervertierenden Lebenswillens. Trotz guter Intelligenz und überraschender Einzelleistungen ist die Gesamtleistung hoffnungslos abgefallen. Auf Vorhaltungen reagiert der Junge mit Frechheit oder Ironie.

XVIII

Ein Baum oder eine Blumenvase? Unbefangen würde man sich wohl für letzteres entscheiden. Häufig malen kleine Mädchen so, wenn sie die Aufgabe «Baum» vergessen haben oder während des spielerischen Zeichnens modifizieren. Hier aber handelt es sich um einen fast 15jährigen Oberschüler im 10. Schuljahr.

Der Baum steht fast in der Mitte des Raumes, in der Größe gut proportioniert, wie oft in diesem Alter etwas links gesetzt (Introversion). Oben ist die Krone etwas abgeflacht, was auf einen dominierenden Einfluß aus der engeren Umwelt schließen läßt, der als Druck erlebt wird. Der Stamm setzt offen und breit an, nicht auf der Bodenlinie, sondern mit angemessenem Abstand vom unteren Rand, was ihn vom üblichen Baum des Kindes unterscheidet. Der Stamm ist zügig gezeichnet, offenbar ohne abzusetzen. Er ist schlicht, nicht starr, mit anschwingenden Ansätzen am unteren Rand. Oben endet er im Lötansatz, aus dem sechs wellenförmige Ruten ebenmäßig aufstreben: wieder die weichen Linien, die Neigung zur Kurve, die auf Gefühlsvorherrschaft hinweist. Die Ruten sind mit liebevoll ausgemalten, harmonisch verteilten Blättern besetzt. Bemerkenswerterweise werden die Blätter mit scharfem Strich und betont gezeichnet, im Unterschied zu der übrigen Behandlung der Krone (werden die Gefühle demonstriert?). An den Enden schwingen die Ruten zart und sensibel wie Antennen aus, ein Hinweis auf die hohe Reagibilität des Jungen, der seine Fühler in dieser Weise der Umwelt aussetzt.

Der Baum wirkt zart, mädchenhaft, etwas stilisiert, kindlich, aber ungestört und nicht schwach. Auch die Darstellungsweise als «Strauß» ist kindlich, aber recht gekonnt.
Sensibler, intellektuell begabter Sohn aus einer kürzlich geschiedenen Ehe. Seine einzige Schwester (vgl. XIX) hat eine starke Mutterbindung, der Sohn hat eine ebenso starke Mutter-Schwester-Bindung. Die Kinder nehmen die Partei der Mutter, was bei dem Verhalten des Vaters nicht wundernimmt. Das männliche Leitbild fehlt hier nicht nur, es besteht seit langem eine männliche Negativ-Figur.

XIX

Der Baum wirkt sowohl kindlich als auch irritiert, jedoch nicht krank oder gestört. Das Mädchen zeichnet den Baum fast in die Mitte des Blattes (Querformat), wenig nach links gerückt und noch in kindlicher Weise am unteren Blattrand ansetzend. Die Form der Krone weist eine leichte Abflachung oben, eine Ausdehnung zu den Seiten auf. Ein normativer Druck im Rahmen der Erziehung ist hier nicht auszuschließen. Der Stammansatz ist mit Strichen leicht hingeworfen, er ist jedoch in der Form breit und kräftig angelegt. Die Wurzeln sind angedeutet, wobei nicht ganz zu unterscheiden ist, ob es sich um Wachstum oder um Stützung (und somit Kompensation) des Wurzelbereiches handelt. Der Stamm ist mit vertikaler Strichelung, zart bis zart-fragil im Charakter, leicht aufgerauht und läßt Kontaktschwierigkeiten im praktischen Umgang mit der Umwelt vermuten.
Recht eigentlich problematisch ist jedoch der Kronenansatz (Bereich des Selbstentfaltung). Der Stamm ist oben durch drei zarte, aber sichere Striche begrenzt und wirkt wie abgeschnitten. Aufgepfropft oder sogar aufgesetzt sind, mit unsicherem Strich gezeichnet, sieben Doppelstrichäste. Die breiten Abstände zwischen den Ästen sowie der späte Ansatz der Zweige lassen die Krone in ihrem Herzstück kahl und karg erscheinen. Was dann an Gezweig und Blattwerk kommt, ist so unsicher und spärlich, daß es den Eindruck eher verstärkt als aufhebt. Der Strich ist zart-fragil, die Strichführung druckschwankend und zögernd. Die Zweige enden, besonders oben und rechts, empfindsam-

spitzig. Einige mit warmem Strich und in runder Form gezeichnete Blätter, besonders an der linken Seite der Krone, lassen Herzlichkeit und Zartgefühl des Mädchens erkennen. Sie sind ursprünglich und nicht so stilisiert wie die des Bruders.

Dem bloßen Auge kaum sichtbar, ist in ovaler Form eine sehr zarte Kronenhaut gezeichnet, die am dritten Ast von rechts endet: ein tastender Versuch der Abschirmung nach außen. Das junge Mädchen scheint empfindsam, störbar, unentfaltet, retardiert oder vermutlich sogar regrediert zu sein. Dabei ist es doch offenbar nicht schwächlich angelegt. Wie ernst die unsichere Gestaltung der Baumkrone – die fehlende Kraft für Selbstentfaltung – genommen werden muß, lassen im Kontrast die zügig hingeworfenen Linien der Gräser am Fuß des Baumes erkennen.

Schwester von XVIII. Durch eine besonders starke Identifikation mit der Mutter erlebt die Tochter die Demütigungen, die Resignation mit ihr, sie ist hilflos und wehrlos mit ihr, das Selbstgefühl, das in ihrem Alter zum fraulichen Selbstverständnis erwachen soll, ist gebrochen. Die offensichtliche Regression könnte durch ein frustriertes Verhältnis zum anderen Geschlecht verstanden werden, das durch das Verhalten des Vaters verursacht wurde.

XX

Könnte ein Baum dramatischer die Verzweiflung eines Menschen und den Schrei nach Verwurzelung ausdrücken? Der Stamm scheint nicht für die Krone dazusein, sondern nur der Wurzel zu dienen, die krampfhaft zugreift und die Oberfläche eines viel zu kleinen Erdreichs umklammert, in das sie nicht einzudringen vermag. Wurzel und Erdreich bleiben voneinander isoliert. Die Baumkrone dagegen entfaltet sich zu einem blattartigen, dem schnellen Entstehen und Vergehen ausgesetzten Gewächs, und auch als dieses ist es nur flüchtig angedeutet. Läge nicht gerade ein Selbstmordversuch hinter ihr, so müßte man ihn bei dieser Zeichnerin befürchten.

Die Mitte des Zeichenblattes wird von Wurzel und Stamm eingenommen. Sie bestimmen das Bild, weil sie das Kernproblem der Zeichnerin ausdrücken: Sie ist ausreichend stark angelegt, verzehrt sich aber in der Problematik ihrer Unverwurzeltheit. Der oben im Raum stehende Baum ist dennoch auch bezeichnend für das Alter des Mädchens und ihre Strebensthematik. Dabei stößt die Krone nicht an den Blattrand an! Gerade die Respektierung des Raumes, die Bemühung um Ein-Sicht belastet diesen jungen Menschen zusätzlich: eine Bemühung, die schon im Ansatz zu Resignation wird, wie Kronenansatz und Krone ausdrücken. Dreiviertel des Blattes wird von Stamm und Wurzel beherrscht, ein Viertel bleibt der Andeutung einer Baumkrone.

Der Wurzel-Stamm-Ansatz ist breit und kräftig. Aber er ist in mehrfacher Weise kompensiert und daher mehr leitbild-

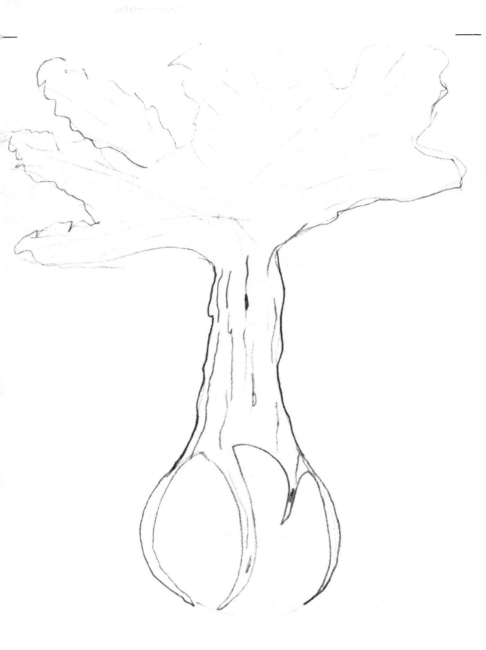

♀ 16;10

licher Ausdruck, «Wunschbild», als Lebensgefühl. Der Ansatz des Stammes ist scharf-hart liniert und damit betont; noch auffälliger sind die fast geometrischen Formen des Wurzelansatzes, in denen sich das Wollen im Sinne des Dranges konzentriert. So sind die Wurzeln nicht allein Ausdruck des Lebensgefühls, sondern auch des Lebenswunsches, des Lebensbedarfs. Der Stamm steigt breit und offenbar tragfähig auf, ist jedoch mit unsicherer und schwankender Linie konturiert. Die Aufrauhung entspricht einer Schwierigkeit in der Sozialisierung.

Die Mitte, der Kronenansatz, symbolischer Ausgangs- und Kernpunkt der Persönlichkeitsentfaltung, ist mit zart-fragilem Strich angedeutet. Er bildet diffus eine Art Knoten, ein gut erhärtetes Merkmal für die Konfliktsituation in der Selbstentfaltungsthematik. Es ist jedoch bezeichnend, daß dieser Knoten nicht fest geschürzt wird, daß das Mädchen sich ihrem Problem nicht stellt. Die angedeutete Stelle wird Ausgangspunkt strahlenförmig zum Kronenrand hinschwimmender Linien, die zart-fragil gezeichnet sind und müde wirken. Den Kronenrand bildet ein oft unterbrochener Strich. Rechts oben ist er hauchzart und fragil und drückt damit das mangelnde Selbstvertrauen zur Bewältigung des Strebens aus. Am linken, introversen Rand geht die Linienführung der Baumkrone in Schärfe über, nimmt dagegen an Diffusion zu: Ratlosigkeit bei Kompensationsversuchen. Die Blattform der Krone schließlich läßt ahnen, wie leicht, wie vorläufig, wie ungefestigt die «Persönlichkeit» ist, die sich bisher gebildet hat.

Sowohl Strichführung als auch Strichcharakter erhärten die Aussagen von Raum und Form. Der scharf-harte Strich der

Stammkonturierung und Wurzelzeichnung gibt den Schwerpunkt der Problematik an. Die Aufrauhung des Stammes, Kombination von Schraffierung (als Hinweis auf Bewußtwerdung) und Dunkelung (als Symptom für Affektivität), läßt die Problematik auch in der äußerlichen Sozialisierung erkennen. Der in der Krone überwiegende zart-fragile Strich verweist auf die hilflose Gefühlsbeeinflußbarkeit des Mädchens, das zum Außen hin gar keinen Widerstand leistet (jedes Rauschgiftangebot ist willkommen, jede Möglichkeit einer Selbstflucht) und das zum Innen, zum Selbstwerterleben, eher mit abgrenzender Schärfe reagiert.

Tochter von Akademikern, welche – die Kinder großzügig, aber distanziert versorgend – aus beruflichen Gründen durch die Kontinente wandern, wie andere Menschen durch ihre Wohnräume. Ein älterer Bruder, eine jüngere Schwester (vgl. XXI). Rauschgift, auch Fixerin; drei Wochen vor der Herstellung der Zeichnung Suicidversuch. Auch jetzt noch Resignation und Ziellosigkeit.

XXI

Das Zeichenblatt ist ausgefüllt: fast dekorativ, gekonnt. Der kompensatorische Charakter dieses Baumes ist nicht zu übersehen. Trotzdem ist die Gestaltung ausdruckshaltig, symbolträchtig. Die spitzen Endungen der Krone (Abwehr im Bereich des Emotionalen) und die das Wasser suchenden Wurzeln (drängende Suche nach seelischer Heimat) drücken das Lebensproblem des Mädchens unmittelbar aus.

Die Proportionen des Zeichenraumes sind gut eingehalten, mit einem Blick für das Ganze der Darstellung, wie es scheint. Der Ansatz von Stamm und Wurzel ist relativ hoch gezeichnet, was teils auf die drängende Problematik der Verwurzelung zurückgeht, teils aber wohl auch durch die altersangemessene Verschiebung des ganzen Baumes in den oberen Zeichenraum zustande gekommen sein mag. Der ganze Baum steht in der Mitte des Raumes. Dennoch ist die rechte Seite, jene zur Welt hin, stärker betont: Nach rechts greift ein längerer Ast aus, rechts sitzt auch die einzige «Frucht». Aber auch die Wurzeln sind auf der rechten Seite reicher differenziert und dringlicher gezeichnet.

Die Wurzeln des Baumes am Stammansatz bilden das Zentrum des Bildes. Sie verbreiten sich über den Felsen, auf dem der Baum wächst (Thema der Isolierung), und greifen vorn und nach den Seiten aus auf der Suche nach nährendem Erdreich (Bedürfnis der Verwurzelung). Bedeutungsvoll sind ihre gabelförmigen Endungen: Hier wird gierig drängend vorgestoßen, der Baum erzwingt sich gleichsam den Zugang zur Nahrung. Ein Symbol für den Lebenswil-

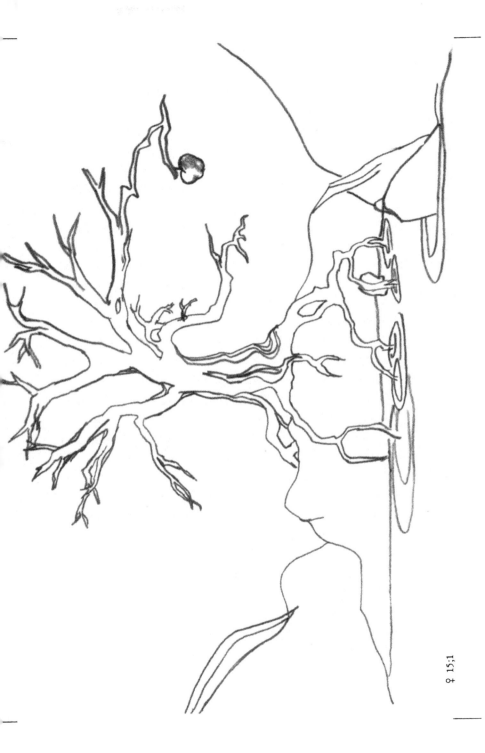

len der Zeichnerin! Daß die Wurzel-Enden in Wasser (Symbol des Seelischen) eintauchen, läßt auf das vorwiegende Bedürfnis emotionaler Geborgenheit schließen, die das Mädchen in der Tat von Kindheit an vermissen mußte. Der Stamm setzt breit auf und führt tragfähig aufwärts zum Kronenansatz; etwas zu massiv, zu betont in Form und Strich, als daß sich das Leitbildliche und Wunschgemäße der Darstellung übersehen ließe. Der Kronenansatz verrät den Grund dazu: Trotz gewaltig ausgreifender Äste gibt es eigentlich keine Mitte. Links und rechts gabeln sich dicke Äste aus, die sich sofort etwas krankhaft biegen; dann mündet das «Herz» der Krone in einen dicken, krank wirkenden Schlauch, der aufwärts strebt. Hier setzt auf engem Hals ein neuer Kropf an: Der Baum «wächst» nicht, entfaltet nicht seine Krone, er wuchert eigenwillig drängend und überspielt damit seine Krankheit. Die Äste münden in dolchartige Zweige, die am Kronenrand aggressiv und spitz gleichsam die Wache nach außen hin halten. Mehrfache Strichkreuzungen (links) und Gegenzüge (rechts) deuten die Widersprüche, den Mangel an innerer Gesetzlichkeit an. Am weitausladenden rechten Ast eine mit fixierender Schwärzung thematisierende «Frucht», die das Ergebnis von Entwicklung und Erwachsensein gleichsam ertrotzt, wo doch nichts echt «gewachsen» und gereift ist. Im Inneren der Krone deuten mehrfach Röhrenäste die Ratlosigkeit des Mädchens an.

Die Strichführung erfolgt unzügig, aber drastisch kompensiert. Der Strichcharakter ist scharf-hart bis fest-deftig, also durchweg gestört. Die Rezeptivität des Mädchens wird verdrängt, es gibt keinen Hinweis auf Sensibilität.

*Jüngere Tochter desselben Akademiker-Ehepaares (vgl. XX).
Das Mädchen ist weniger gefährdet als die Schwester, weil es seine
hohe Sensibilität und Labilität (die in der Handschrift deutlich
zum Ausdruck kommen!) demonstrativ leitbildlich kompensiert.
Die Persönlichkeitsentwicklung könnte erst dann fruchtbar ein-
setzen, «wenn alle Stützen gebrochen sind» (Jung). – Der gleich-
zeitig hergestellte Wartegg-Zeichentest wurde dekorativ-darstel-
lend, jedoch nicht ohne diagnostische Verwertbarkeit ausgefüllt.
Zeichen 4 (Schwere und Problem) ist ein dunkler Gang, Zeichen 1
(Ich-Thematik) ein Stern, Zeichen 7 (Sensibilität) wird durch
ein geschwärztes Auto überfahren.*

XXII

Der Baum wirkt starr und spitzig; das Bild drückt Abwehr und zugleich Trauer aus. Doch wirkt er weder krank noch schwach.
Die Achse des Baumes ist etwas nach links und nach unten gerückt. Der Stamm erhebt sich kraftvoll nahe der unteren Grenze des Zeichenblattes. Das Kind zeichnet eine Bodenlinie, in deren Vertiefung sich das abgefallene Laub gesammelt hat. Die Stammkonturen schwingen leicht aufwärts, um dann in Parallelen überzugehen. Der Strich ist an der rechten Seite abgesetzt, dabei überwiegend tonig. Am Wurzel- und am Kronenansatz wird der Strich kompensierend scharf und betont die Thematik von Verwurzelung und Entfaltung. Links dagegen ist die Strichführung durchgehend; der scharfe Strichcharakter dieser Seite läßt das Begreifenwollen von Erlebnissen vermuten.
Der Baum steht in einer Vertiefung der angedeuteten Bodenlinie. Von dem abgefallenen Laub ist auf der linken Seite die weitaus größere Menge zu finden. Der Ausdruck von Trauer oder Depression, der von den toten Blättern ausgeht, wird durch den Bezug auf den Erlebnisbereich (links) verstärkt.
Der Kronenansatz ist in Fingerform ausgefächert. Die links angegliederten Äste sind in ihrem Ansatz spitzwinkelig und scharf konturiert; der Strichcharakter ist scharf und betont die Härte des Ausdrucks, der das Organisch-Gewachsene verneint. Die rechten Äste setzen unkonturierter an; hier ist auch der Strich weniger eindeutig, man könnte ihn als tonig-schwammig bezeichnen.

♂ 11;–

Die Äste sind durchweg in Dolchform gezeichnet. Links finden wir längere und schärfere Formen, die drei linken Enden sind mit scharfen Spitzen versehen: eine dreifache neuerliche Betonung der Härte und Schärfe in der Selbstbezogenheit. Die rechten Äste sind ähnlich in der grundsätzlichen Form, aber weniger profiliert gezeichnet, durch aufstrebendes Geäst gemildert, in tonigem bis tonig-schwammigem Strich gehalten: Hinweis auf Beeinflußbarkeit von außen. Der Zeichner reagiert hier eher ratlos als aggressiv. Links, auf der Erlebnisseite, gibt es empfindliche Brüche von Zweigen. Einige Zweigspitzen weisen durch fixierende Schwärzung auf ein empfindliches Spannungsverhältnis zur Umwelt hin.

Wären nicht die Brüche, die hängenden Zweige, die abgefallenen Blätter, so könnte man an eine vorpubertäre Aggressivität dieses Jungen denken. Dagegen spricht, daß alle Schärfen, Spitzen, auf Depression hinweisenden Symbole nach links, auf das Innen des Zeichners verweisen.

Über diesen erschütternden Baum gibt nur die Lebenssituation Auskunft! Das Kind aus integrer und warmherziger Familie mußte vor kurzem den Unfalltod seines einzigen, wenig jüngeren Geschwisters miterleben. (Der Schock, den es durch dieses Erlebnis erlitten hat, ging aus Handschrift, Wartegg-Zeichentest und der «Familie in Tieren» hervor.) Dies zeigt, wie wichtig der Kontext des Lebens für die Diagnose des Baum-Testes sein kann.

XXIII

Kraus und wirr, eher wie Dampf aus einem breiten Schornstein oder aber wie ein Atompilz wirkt dieser Baum. Doch man spürt die Kraft, die hier verworren zu explodieren scheint.
Der Raum ist ausgefüllt und zugleich gut eingehalten. Ein wenig nach rechts und oben versetzt steht er, nach oben hin reicht er sogar bis hart an den Rand. Doch die Grenzen werden respektiert.
Der Stamm setzt wie ein Fuß auf, die zart gezeichnete Grundlinie deutet eine geometrische Form an, etwa ein Achteck, das dann doch zu einem Kreis gerundet wird. Keine Wurzeln. Der Schwerpunkt der Thematik ist auf die Krone des Baumes verlagert, auf das Erleben in der Welt, das hier zu wolkenhaft diffusem Erlebnisdrang gesteigert ist. Der Stamm verengt sich über der Basis etwas, bleibt jedoch ungewöhnlich breit, massig. Er ist eher Ausdruck einer Kompensation der Unreife des Erlebens im Sozialbereich, als daß er seine Funktion als gewachsener Träger erfüllt. Einige vertikale Linien weisen in die aufstrebende Richtung; rechts ist eine fest gezeichnete Begrenzung, während links, die innerseelische Thematik betreffend, der breite Stamm mit einem unproportional zarten unsicheren Strich abschließt, der die Verletzbarkeit und seelische Unsicherheit des Menschen andeutet. Die tonige, sehr zarte Schattierung links ist mit horizontal verlaufendem Pendelstrich gezeichnet, der die Sensibilität des Gefühls zum Ausdruck bringt. In gleich feinem Strich findet sich auf der Fläche des Stammes eine in breiten Abständen angelegte

♂ 16;11

Schraffierung, die von Bewußtheit spricht. Das Spannungsverhältnis zwischen Ratio und Gefühl ist unverkennbar.
Etwa in der Mitte des Zeichenblattes setzt die Baumkrone an. Der Grundform nach eine Kugelkrone, läßt sie in diesem Alter an Abschließungstendenzen denken. Das Blattwerk ist in kurzen Bögen angedeutet, die dicht geschichtet sind und nach oben und außen quellen. Ein verworrenes Bild, das aber durchaus noch eine imaginäre Mitte ahnen läßt: Der Dampf drängt nach Entladung. Am Kronenrand findet sich weiteres angedeutetes Blattwerk in einzelnen wolkigen Büscheln. Sie wachsen weniger heraus, als daß sie sich expansiv Luft zu machen scheinen.
Betrachtet man den Baum näher, so erkennt man einen feinen kreisenden Strich, der eine Spirale in die Baumkrone zu zeichnen scheint.

Schwerer Rauschgiftfall. Sehr verständig berichtet der Junge über Beginn der Versuchungen und Verlauf der Sucht, von der er sich inzwischen aus eigenem Entschluß befreit hat. Für seine Physis war es jedoch zu spät; noch Monate nach Zeichnung des Baumes lag er wenig hoffnungsvoll im Krankenhaus mit schwerem Leberschaden. – Besorgte, wenn auch sehr beschäftige Eltern, wohlhabendes Bürgertum, großzügiger Lebensstil; Einzelkind. Trotz guter Intelligenz schlechter Schüler, da völlig interesselos.

XXIV

Der zarte und graziöse Baum hat einige auffällige Merkmale mit offensichtlichem Hinweischarakter. Die Diskrepanz zwischen der unbefangen ausschwingenden Baumkrone und dem fest vermauerten Erdreich gibt ebenso zu denken wie die geschwärzten Teile am sanft gedunkelten Baumstamm.
Der Entfaltungsbereich von Stamm und Wurzel ist in bemerkenswerter Weise überbetont: Mit massiver Schwärzung – Hinweis auf Konfliktthematik – wird die Ansatzstelle abgeschnürt. Die nach oben abgrenzende Linie ist fest gezogen, es gibt keinen Übergang. Hier ist unterbewußt eine Abschließung vollzogen: nicht unbedingt dem «Früher» und dem «Ursprung» gegenüber, aber doch gegenüber der natürlichen Verankerung in der Familie. Auf dem festen schwarzen Grund liegt locker und wolkig etwas «Boden» und betont damit noch den Abschluß. Ganz andeutungsweise erkennt man, daß einige senkrecht nach unten ragende Wurzeln gezeichnet worden waren.
Der Stamm ist schmal, aber nicht schwach. Er ist mit festem Strich klar konturiert; die Fläche wirkt gleichmäßig schattiert. Die praktischen Umweltbezüge werden rational gut bewältigt, nüchtern und nicht ohne Gefühl, wie konturierende Linien bei der Wärme der Flächentönung vermuten lassen. – Der Übergang zur Krone läßt noch den «Fingeransatz» erkennen, ist aber eher schon organisch wachsend. Die Äste verdünnen sich sehr bald zu Linien, Äste und Zweige schwingen sensibel rutenartig nach allen Seiten. An der linken Seite der Krone finden wir üppiges

♀ 18;–

Blattwerk mit fein umrandeten und sorgsam in sich geäderten Blättchen, die auf Emotionalität hinweisen. Das Mädchen fügt hinzu: «Baum ganz mit Blättern, leider nicht genug Zeit, um dies auszuführen.» Man soll sich also die zarte Krone ganz belaubt vorstellen, eine Betonung des Gefühls in offensichtlich gut entwickeltem Maße und ungestörtem Zustand. Zwei Blätter fallen im linken Raum zur Erde, womöglich ein Hinweis auf deprimierende Erlebnisse. Die Strichart der Krone ist zart und, trotz der schwingenden Form der Äste und Zweige, oft sogar fest. Gefühl und Ratio sind offensichtlich gut integriert, wie auch schon die Behandlung des Stammes erkennen ließ.

Die gute Raumbeachtung – der Baum füllt den Raum des Zeichenblattes aus, ohne ihn zu sprengen –, die ebenmäßige Gestalt, die leicht ausschwingende Baumkrone, der schlanke, feste Stamm würden ohne die bedenkliche Dunkelung, fast Zementierung des Erdreiches und Wurzelgrundes auf ein seelisch gesundes und unbefangenes Menschenkind schließen lassen. Eine konfliktanzeigende fixierende Schwärzung kehrt nun wieder in den Merkmalen am Baumstamm, die auf der gleichmäßig getönten Fläche isoliert wirken. Diese Symptome ließen in den «Zeichen» am Stamm Sexualsymbole vermuten. Damit könnte auch die Abschnürung vom Wurzelgrund zusammenhängen, die dann als eine Verdrängung zu erklären wäre. Der Kontrast dieser massiven Fixierungen zu der leichten und in der Strichweise zum Außenrand hin sanft ausschwingenden Baumkrone ist erstaunlich.

Die Hypothese bestätigte sich: Die in kirchlich-moralisch strenger Auffassung erzogene Tochter hatte eine Klosterschule besucht und mußte ihre heimliche sexuelle Beziehung zu einem sozial nicht anerkannten Mann nicht nur verbergen, sondern auch verdrängen, um in ihrer Umwelt und vor sich bestehen zu können. Daß sie nicht originell genug war, um aus den Normen ihrer Umwelt konsequent «auszubrechen» und sich zu ihrem Weg zu bekennen, zeigte die Handschriftprobe. Die Verdrängung ermöglicht ihre große Unbefangenheit. – Vater Arbeiter, beide Eltern berufstätig. Als Kind viel allein oder von Fremden betreut; die überlasteten und nervösen Eltern erzogen sie in Verhaltensklischees und reagierten mit nachträglichen Vorwürfen und Strafen. Für ein verständnisvolles Verhalten fehlte den Eltern die äußere und innere Möglichkeit.

XXV

Der Baum ist stark und gesund gewachsen. Aber er ist offensichtlich im Zentrum durch Axthiebe getroffen. Auf der rechten Seite ist gar ein starker und gesunder Seitenast abgesägt.

Die Stellung des Baumes überrascht, da er ganz in die obere Hälfte des Blattes gesetzt ist. Während die Krone an den linken und oberen Rand stößt, bleibt der Zeichenraum unter dem Stammansatz frei. Das in der Adoleszenz so häufige, Strebensthematik ausdrückende Drängen in den oberen Raum setzt hier schon früh ein und prägt sich besonders stark aus.

Die Wurzel ist hinter Gras verborgen, damit als solche nicht thematisiert. Der Stamm wächst kräftig und gesund; ein kreisrundes Mal, nach vorn gerichtet, mag ein Problem ausdrücken, bleibt jedoch unbetont. Der Stamm ist links mit scharfem, rechts mit zartem Strich konturiert: Die Ungeschütztheit dem Partner und der Umwelt gegenüber ist augenfällig. Die Erlebnisse des Jungen dagegen werden (unter welchem Einfluß immer) weitgehend bewußt; die linke zügige Linie deutet Rationalisierung des Introversen an.

Der Stamm mündet in zwei Äste, die vermutlich als organisch gewachsen zu denken sind; es ist nicht mehr erkennbar, weil sie durch eine Kerbe gespalten sind. Der rechte Ast weist diagonal nach rechts oben und betont die Strebensthematik des Jungen. Seine Zweige sind stark wie Äste gezeichnet, sie drängen nach außen und oben. Eine Gabelung des Astes mündet in einen Aststumpf, dessen Schnitt-

fläche wie auch die Kerbe am Kronenansatz, fixierend geschwärzt ist: Hier muß der Hinweis auf die Verwundung durch die Umwelt liegen. Der linke, auf Introversion hinweisende Ast hängt trotz seiner Stärke depressiv nach unten, die Zweiglein an den Gabelungen enden empfindlich spitz: Hier ist ein Signal gesetzt, selbstquälerische Züge zu vermuten.

Das Holz des Baumes – und er besteht nur aus kahlem Holz, das Blattwerk ist nicht einmal angedeutet – ist an Stamm und Ästen, selbst am Gezweig, durchweg gerauht. Die sozialen Kontakte dürften gestört sein; den «Wunden» nach zu urteilen, ist das die Folge äußerer Verletzungen.

Einzelkind wohlhabender Geschäftsleute, beide Eltern berufstätig. Um den Sohn zu Leistungen anzuspornen, setzen sie ihn ständig unter moralischen Druck mit der Begründung, man wolle den emotionalen Sohn «für die Durchsetzung in der Leistungsgesellschaft vorbereiten». Der Junge beschrieb im Gespräch, wie vor jeder Klassenarbeit das drohende Gesicht des Vaters vor ihm auftauchte und jede Denkleistung lähmte. Trotz guter Begabung (durch die Handschrift ausgewiesen) wird er in der Schule das Klassenziel nicht erreichen.

XXVI

Der zarte, fast jungmädchenhafte Baum der 11 ½jährigen gibt ein anschauliches Bild des Erwachens in der Vorpubertät, die eine Identifizierung mit dem eigenen Geschlecht mit sich zu bringen pflegt.

Der Zeichenraum wird beansprucht, jedoch nicht gesprengt. Der Baum steht ausgewogen in der Mitte, nur der Ansatz am unteren Blattrand erinnert an frühkindliche Formen. Die Seiten sind gleichgewichtig betont. Nach oben hin schwingt der Baum sanft aus, ohne schon das in den folgenden Jahren übliche Drängen an den oberen Blattrand auch nur anzudeuten.

Der Stamm setzt unbetont an, mit sanft-tonig gezeichnetem Strichcharakter. Auch dies zeigt die Kindlichkeit des Mädchens. Selbst die Konturen des Stammes sind weich, hier ist der Strich sogar fast zart. Dabei ist die Strichführung auffallend zügig. Die Fläche des Stammes ist warm gedunkelt. Der breitere Fuß wird nicht nur durch die schwingende Form betont, sondern auch durch eine leicht schräg verlaufende Strichführung. Der obere, größere Teil des Stammes freilich wirkt etwas steif und wird in seinem Blockcharakter nur durch die Zartheit der Zeichnung gemildert. Die Wurzeln werden nicht einmal angedeutet. In diesem Stamm kommt die ganze Naivität des Mädchens zum Ausdruck, die eigentlich das tragende Element der kleinen Persönlichkeit ist. (Die zugeordnete Handschrift könnte von einer Achtjährigen stammen, der Wartegg-Zeichentest bringt in 6 von 8 Feldern kindliche Bildlösungen.) Der Stamm wirkt durch die tonige Strichelung leben-

dig, er bildet optisch eine angemessene Ergänzung zu den liebevoll konturierten Blättern; er endet im Lötansatz.
Die Baumkrone beginnt zweifach, einmal mit beblätterten Zweigen an den Enden des Lötstammes, zum anderen als konturierende Linie beträchtlich unterhalb des Stamm-Endes.
Das Blattwerk bildet offensichtlich den Schwerpunkt der Kronenzeichnung, genau gesagt, die sorgsam konturierten Blätter, die auf sensible Gefühlsempfänglichkeit hinweisen. Äste und Zweige sind aus zarten Ruten gezeichnet, die sich aus den beiden Endpunkten des Lötansatzes schwingen. Das Ebenmaß der Anordnung ist vollkommen.
Genau wie in der Zeichnung des Stammes ist die Strichführung der Kronenzeichnung durchweg zügig und unabgesetzt. Im Unterschied zu dem tonigen Strichcharakter des Stammes ist jener der Kronenzeichnung zart oder fest. Bemerkenswerterweise aber wird nicht das rutenartige Gehölz mit festem Strich gezeichnet und das Blattwerk mit zartem Strich eingefügt, sondern genau umgekehrt. Besonders die rechte Hälfte des Zeichenblattes läßt den zarten Strichcharakter erkennen, in dem die Ruten in die verschiedenen Richtungen schwingen. Die Klarheit der Konturierung läßt auf die erwachende Geistigkeit des Kindes schließen, während das sensibel angeordnete Laub vom Vorwiegen des Gefühls spricht. Das Ebenmaß der Gestaltung sowie der durchweg ungestörte Strichcharakter sind Symptome der gesunden Selbstentfaltung und ungestört beginnenden Pubertät des Mädchens.
Die Kronenumrandung wirkt wie eine feine Haut und weist auf die zarte Scheu hin, die das Kind vor verfrühten

Einflüssen aus der Umwelt bewahrt. Die weit ausschwingende Umrandung ist zügig durchgeführt, nur einmal setzt die Zeichnerin ab. Anfang und Ende der Umrandung begegnen einander fast auf gleicher Höhe am oberen Viertel des Stammes.

Der Baum vermittelt ein anschauliches Bild gesunder Selbstentfaltung, das für eine organische Entwicklung in der Kindheit spricht.

Ältere von zwei Töchtern einer Akademikerfamilie. Mutter Hausfrau, häusliche Atmosphäre gut. Mittlere Schülerin.

XXVII

Ein lockerer, fast wie ein Blumenstrauß wirkender Baum, zart und mädchenhaft. Er ist gesund und ungestört, wenn auch bei der Sensibilität des Ausdrucks eine erhöhte Störbarkeit der Zeichnerin vermutet werden muß.

Der Raum des Zeichenblattes ist harmonisch ausgefüllt, wenn auch der Baum etwas nach links gesetzt ist und mehr im unteren Teil des Papiers steht. Da der Ansatz auf dem unteren Blattrand der 11½jährigen altersangemessen ist, hat er keine ausdrückliche Bedeutung.

Der Stamm beginnt breit am Blattrand, die Begrenzungen schwingen sich von beiden Seiten sanft, aber bestimmt zu einer mit unabgesetztem Strich gezeichneten Konturierung bis an den Kronenansatz. Der Strichcharakter ist überwiegend zart. An der linken Seite geht er vorübergehend in Schärfe über, vielleicht erwachende Bewußtheit vor der Pubertät anzeigend. Beide Stammkonturen verlaufen oben im Leeren. Trotzdem wirkt die Baumkrone nicht aufgesetzt. Hier war wohl früher ein Lötstamm zu denken, er ist aber durch die Auflockerung ausdrücklich verlassen zugunsten eines noch nicht geformten Übergangs. Aus ihm heraus «wächst» die Krone, sanft schwingend wie Ruten, als Zweige ansetzend, die sich noch einmal verzweigen. Das gertenartige Gezweig ist ungewöhnlich zart gezeichnet, ohne fragil zu wirken. Die Strichführung ist meist zügig, die Ruten enden überwiegend frei und sensibel ausschwingend. Hier deutet sich eine naive, kindlich-unbefangene Aufgeschlossenheit an, wie sie nur aus einer Geborgenheit kommen kann. Die Ansätze der Astzweige am

Stamm drängen sich an der linken Seite, rechts dagegen fehlen sie ganz; die Thematik der Introversion, schon durch den links im Zeichenblatt stehenden Baum angedeutet, klingt auch hier an. An den Zweigen wachsen leichte, schwebend wirkende Blätter, die mit feiner Schärfe konturiert sind. Dieser Strichcharakter betont jedoch nur noch das locker eingefügte Blattwerk mit seinem Hinweis auf Gefühlsansprechbarkeit. Fester und toniger Strich fehlen ganz; in keinem Falle sind Strichstörungen zu sehen, ebenso wie es auch keinerlei organische Verwachsungen gibt. Von einem Kronenrand kann man nicht sprechen, da es keinen irgendwie optisch betonten Abschluß gibt. Trotzdem wirkt die Baumkrone als eine von der Mitte des Ansatzes ausstrahlende Ganzheit. Daß an den linken Ruten ein paar Blätter zu fehlen scheinen, fällt kaum ins Gewicht.

Das Kind gibt sich so arglos-freimütig, so heiter, daß man Störungen ausschließen und eine behütete Kindheit vermuten möchte.

Zweites Kind liebevoller Eltern; geordnetes, geborgenes Zuhause. (Älterer Bruder ist im Internat.) Gute Schülerin, fröhlicher Kamerad.

XXVIII

Der zarte, dabei gar nicht schwache Baum scheint zu weinen: Die Blätter, Augen gleich gezeichnet, fallen wie Tränen herab. Ein depressiver Traum könnte ein ähnliches Bild produzieren.

Trotz der noch kindlich-geraden Grundlinie ist der Baum etwas in den oberen Raum des Zeichenblattes gesetzt, dem Alter der 11 $\frac{1}{2}$jährigen entsprechend. Daß er links im Raum steht, verstärkt den Ausdruck ihrer Erlebnisbetontheit.

Der Ansatz des Baumes ist breit, er steht frei im Raum und ist durch eine Strichkorrektur betont. Die Fläche ist tonig schattiert, auf emotionale Wärme hinweisend, sehr sanft und zart im Ausdruck. Selbst die konturierenden Linien sind tonig im Strichcharakter, und nicht einmal die links und auch rechts korrigierende zweite Linie ist schärfer gezeichnet, mit Ausnahme des unteren Ansatzes an der rechten Stammseite.

Die schattierende Betonung des Stammes verliert sich nach oben ohne Abgrenzung, und viele Zweiglein folgen, locker nach außen versprüht von der imaginativen Mitte des Kronenansatzes aus. Sie wachsen nicht heraus, sie haben auch keine eigentliche organische Beziehung zum Stamm; sie sind hinzugefügt, addiert. Die Strichführung schwingt zum Teil wellenförmig, zum größeren Teil ist sie zaghaft und abgesetzt. Der Strichcharakter ist zart-fragil, gelegentlich auch zart. Eine große Unsicherheit im Bereich des Emotionalen ist hierdurch angedeutet. Das eigentliche Symptom, das uns im Kronenbereich auf Störungen verweist, ist jedoch die Gestaltung der Krone und ihrer Peri-

pherie. Während nämlich die dem Außenrande zustrebenden Zweigstriche zaghaft versanden, sind ganz außen, der Umwelt zu, noch einmal heftige Striche angesetzt: nicht eigentlich aggressiv-spitzig, aber doch durch Schärfe des Striches betont. Das Innere der Krone, also der Kernbereich der Persönlichkeit, ist unsicher und labil, ihr Außenbereich und somit die Umweltbeziehung des Mädchens ist durch sporadische Affektivität gekennzeichnet.
Das stimmungsmäßig Prägende des Bildes sind jedoch die über den ganzen Zeichenraum verteilten Blätter. Diese nun stehen in der Ausführung in bemerkenswertem Kontrast zu der übrigen Zeichnung. Schon am Baum selbst sind sie scharf konturiert, zum Teil spitzig und mit Härte geformt. Bei einigen möchte man einen Hinweis auf die Lokalisierung des Konfliktes durch schwärzende Fixierung sehen. Alle, auch die zur Erde rieselnden, haben einen schwarzen Kern, der in der ovalen Form des Blattes wie die Pupille eines Auges wirkt. Die Pupillen vieler Augen schauen den Betrachter an. Man fragt sich, was dem Mädchen geschah, daß es sein Selbsterleben so darstellen konnte. – Der Ausdruck der Depression ist unübersehbar. Bei der Stärke des Stammes ließ er nicht auf eine Schwäche der Anlage, sondern auf eine Störung schließen. Die Ursache des offenbaren Leidens dieses Mädchens ist nicht bekannt; vermutlich bewirkt sie jedoch auch die unzureichende Leistungsfähigkeit.
Familiensituation unbekannt; Besuch der Sonderschule E (Erziehungsschwierige).

XXIX

Der Baum scheint fast nur aus Stamm zu bestehen, der keilförmig nach oben ragt, der unbefangen den Raum erfüllt und das Bild beherrscht.

Die Mitte des Blattes ist eingehalten und in der Vertikalen massiv betont. Das Ich-Erlebnis ist unbefangen, stark, unberührt und nicht leicht zu irritieren. Die Thematik der Verwurzelung scheint es hier nicht zu geben. Der Stamm, die breite Basis der Persönlichkeit, ist so selbstverständlich, so stark, daß keine Irritierung aufkommen kann. Altersangemessen setzt er auf dem unteren Blattrand auf. Die Stammbasis ist breiter als die verbleibende Bodenlinie links und rechts. Trotz der Wucht dieser «Mitte» zeichnet das Kind die Form des Stammes nach oben hin schmaler, um ihn in eine gleichmäßige, fast elegante Spitze auslaufen zu lassen: das Schulbeispiel eines Keilstammes! Die Spitze deutet schon den Übergang zur organischen Krone an. Zweige schwingen nach rechts und links aus, einige kleinere finden sich schon unten und in der Mitte des Stammes. Diese zarten Reiser stehen in merkwürdigem Gegensatz zu der starken Dunkelung des Stammes, die das Massive der Form nach noch unterstreicht. Aber die Säule ist für das Kind dennoch ein wachsender und lebendiger Baum.

Die Baumkrone – eigentlich nur die Andeutung einer Krone – wird in schwingenden Linien kurz unter der Spitze des Keiles angesetzt. Hier wird der Strich sogar zart, man beachte die Linien rechts von der Spitze. Das starke Kind hat viel Mädchenhaftes, das noch nach Entfaltung drängt; das kraftvolle Großkindalter überwiegt, und Vorboten der Pu-

♀ 11;1

bertät kündigen sich noch nicht an. Feingefühl oder Mädchenhaftigkeit (der zarte Strich der Krone) widersprechen nicht der starken und instinktsicheren Natur (Stamm) des Mädchens.

Geborgenes Zuhause, ein jüngerer Bruder. Gute Schülerin.

XXX

Der Baum steht fest und stabil im Raum. Der breite Stamm wird in seiner Wucht gemildert durch die sanfte Schattierung und durch das sehr zarte und locker ausschwingende Gezweig. Ein kraftvolles Mädchen mit hoher Rezeptivität. Der Stamm setzt ohne Wurzeln auf dem unteren Blattrand auf, wie so leicht vor der Pubertät. Die Verwurzelung ist kein Thema für das Kind. Ebensowenig sind es die praktischen Außenkontakte, die sozialen Beziehungen zur Umwelt, die ganz unproblematisch und harmonisch verlaufen: Der warm getönte Stamm ist links und rechts kaum konturiert, geschweige denn durch gestörte Strichführung markiert. Dieser Stamm ragt kraftvoll und fast gleichbleibend breit auf, um sich erst fast am oberen Ende sanft zu verjüngen. Der Abschluß verläuft in leichter Dunkelung, die Kegelspitze löst sich auf und mündet in zwei Zweige. Das Ganze läßt einen harmonischen Beginn der Persönlichkeitsentfaltung ahnen. Die Zweige sind am Stamm nicht angelötet, sondern sie schwingen vom Ansatz bis zum Ende frei aus. Die Strichführung der «Astzweige», die von zarten Ästlein besetzt sind, ist sanft, aber ungebrochen, wenig abgesetzt. An den Enden hängen an kleinen Stielen gedunkelte Blätter, welche die lichte Krone beleben und auf die Gefühlsbetonung des Kindes verweisen.

Der Baum ist in guter Proportion zum Raum gezeichnet. Er steht etwas rechts im Raum und betont damit die Weltzugewandtheit und Kontaktfreude des seelisch gesunden Bauernkindes.

Die Rezeptivität des Mädchens wird durch die sanfte und

♀ 10;3

gleichmäßige Schattierung des Stammes ebenso betont wie durch die Lockerheit der Baumkrone. Die zarten und tonigen Strichcharaktere bestätigen das. Das Ebenmaß der Gestaltung im Ganzen läßt auf Ungestörtheit der kleinen Persönlichkeit schließen, die sich frei entfalten konnte. Das Kind ist kraftvoll gewachsen und hat keine Abwehrhaltung entwickeln müssen.

Halbwaise aus bäuerlicher Familie; gutes Verhältnis zu Mutter und zwei Brüdern, die zwei Jahre älter bzw. zwei Jahre jünger sind als sie. Ein gerade zurückliegendes Scheitern in der Schule mit anschließender Umschulung ist offensichtlich trotz der hohen Sensibilität leicht überwunden worden, was sicher durch die harmonischen häuslichen Verhältnisse erleichtert worden ist.

XXXI

Die Wucht dieses massiven Baumes ist kaum zu übertreffen, nicht weniger die Stabilität des 18jährigen Mädchens, das ihn gezeichnet hat. Der Raum des Zeichenblattes ist voll ausgefüllt, doch nicht gesprengt. Ebensowenig werden die Ränder übersehen. Der Stamm steht in der Mitte, betont sie, er bildet sie geradezu: Symbol für ein expansives Ich mit der Unbefangenheit eines Kindes und dem naiven Lebensanspruch einer sehr unkomplizierten Frau, die keine Sorgen und keine Einschränkungen erlebt hat.

Der Baum beginnt am unteren Blattrand, noch kindgemäß, wenn er auch freilich nicht darauf aufsetzt. Die Wurzelzeichnung erübrigt sich: Das Mädchen war immer verwurzelt. Der Stamm hat keinen Ansatz, er ist einfach da, wächst breit und steil in die Höhe. Gibt es im Mittelteil des Stammes die Andeutung einer Verjüngung, so ist er am Kronenansatz massiv und klobig. Sowohl die konturierenden Linien als auch vertikalen Striche am Stamm sind sicher, unabgesetzt, fast ohne Druckschwankung, ganz ohne Schattierung.

Das Auffällige an dem Baum ist die konisch bis an den oberen Blattrand gezogene Form des Kegelstammes, die an eine seelische Retardierung denken läßt, an ein «kindliches Gemüt», das sich das Mädchen auch zweifellos erhalten hat. Die Zweige setzen geweihartig an, sie wirken wie aufgeschraubt, was dem leicht exaltiert-demonstrativen Wesen dieses Menschen entspricht, der mit Gleichaltrigen aus mangelndem Einfühlungsvermögen nicht zu einem seeli-

schen oder geistigen Dialog kommen kann – dies übrigens bei guten Schulleistungen.

Die Äste verzweigen sich kaum, und wo sie es tun, verjüngen sie sich nicht. Es bleibt «Gehölz», es gibt kein «Gezweig», noch weniger ein Blattwerk.

Und doch wirkt der Baum, trotz Retardierung, Schlichtheit, Stilisierung, gesund und stark, und so ist es die Zeichnerin. Mit warmem Gemüt und seelischer Kraft ist sie dort zur Stelle, wo man ihre ganz auf die Praxis bezogene Hilfe braucht.

Zweites Kind von lebenstüchtigen, dabei soliden Geschäftsleuten. Ein älterer Bruder.

XXXII

Der Baum wirkt gerade, stark, eindeutig, wenn auch schlicht und etwas undifferenziert.
Der Zeichenraum ist voll ausgefüllt. Der Stamm beginnt noch kindlich an der Bodenlinie, das Erdreich wird jedoch durch «Gras» angedeutet. Der Baum neigt sich kaum merklich nach rechts, was der kontaktfreudigen Natur des Kindes entspricht. Der Stamm setzt breit an und wird nach oben zu etwas schmaler, an den Stiel eines Pilzes erinnernd. Die Fläche ist gleichmäßig und licht schattiert; wir können auf Gemütswärme schließen, falls nicht in Kleinkind-Manier nur die fehlende Farbe ersetzt werden soll. Die konturierenden Linien verlaufen eindeutig und klar, in einem Zuge gezeichnet. Die Strichführung ist unabgesetzt-sicher. Der Strichcharakter ist fest. Man kann erwarten, daß dieses Kind ein klares Ja und Nein als Antwort gibt, daß es weiß, was es will! – Die tonige Färbung des Stammes weist in Verbindung mit der festen Konturierung auf die dominierende Naturhaftigkeit des Kindes hin. Der Junge ist ein intelligentes, aber kein geistiges, kein spirituelles Kind.
Die Krone ist in Kugelform aufgesetzt, großzügig, gut proportioniert. Auch hier ist die Fläche wieder gleichmäßig licht mit tonigem Strich gefärbt; die gute Kontrolle der dazu erforderlichen schrägen Handhaltung ist bei dem schlicht organisierten Kind eine personale Leistung. – Auch die Krone ist mit einem durchgehenden, sicheren und festen Strich konturiert. Bemerkenswert ist, daß man kaum erkennen kann, wo der Kreis sich schließt: wiederum ein Hinweis auf die gute Steuerung der jetzt steil aufgesetz-

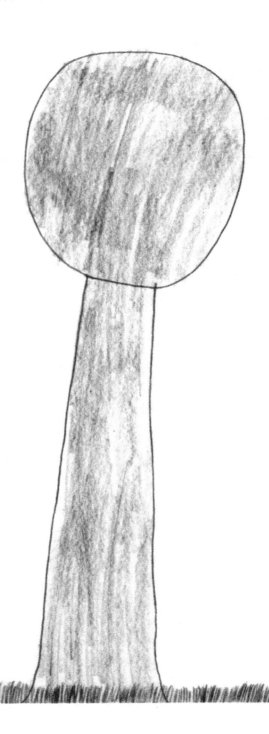

♂ 10;3

ten Strichführung. Der Baum läßt eine sowohl klare als auch gut proportionierte Persönlichkeitsstruktur erkennen, in der sich Vitalität und Gefühl, Intellekt und Wille die Waage halten.

Harmonisches Kind aus seelisch gesunder Familie; keine Geschwister. Guter Lerner; frischer, lebensvoller Kamerad.

XXXIII

Ein Baum, der sich mit birkenhafter Zartheit nach links in den Raum neigt: Das junge Mädchen erlebt mit nach innen gewandter Emotion. Ob dies konstitutiv oder altersbedingt ist, muß offen bleiben.
Der Baum ist rechts im Raum verwurzelt, aber die Krone, die den Schwerpunkt der Zeichnung bildet, füllt den linken oberen Raum. Der Stamm wirkt vergleichsweise unbedeutend, als sei er nur der Stiel der Krone.
Die Bodenfläche ist nur durch die Grundlinie des Stammes angedeutet. Dieser wird links mit gerade ansetzendem Strich, rechts mit leichtem Anschwung konturiert. Beide Seiten sind zügig und unabgesetzt, wenn auch mit zartem Strich gezeichnet. Durch einige leichte Querstriche wird die Rinde einer Birke angedeutet. Der Stamm ist dünn, aber tragfähig. Im oberen Teil ist ein unbetontes kreisrundes Loch gezeichnet; es könnte ein Hinweis auf einen aktuellen, aber kaum gravierenden Konflikt sein.
Rund und voll setzt am diagonal nach links oben weisenden Stamm die Krone an. Sie gibt dem Baum den eigentlichen Charakter. Die ganze Krone ist Laubwerk, dicht und wollig, mit tonigem Strich und in fein schwingenden Kreisen, doch nicht diffus gezeichnet. Das Ganze drückt das Überwiegen der Stimmung, des Schwebenden, des unkonturierten Erlebens aus: recht eigentlich die Gefühlsbeschaffenheit der Pubertät.
Die Ränder der Krone, Begrenzung des emotionalen Bereiches zur Mitwelt hin, sind unbetont; sie ergeben aber durch die dicht schwingenden Kreise einen unverletzlichen Ab-

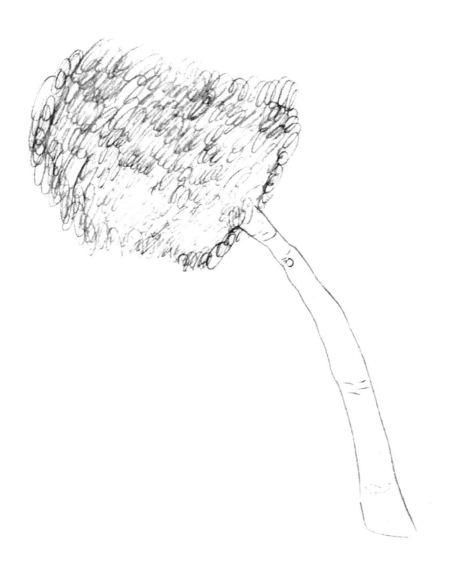

♀ 13;6

schluß. Durch die Tonigkeit des Striches ersehen wir die Aufgeschlossenheit und Rezeptivität des Mädchens.
Zweites von vier Kindern in einer integren Familie. Gute Schülerin; zurückhaltende, aber treue Kameradin.

XXXIV

Der Baum strahlt Ruhe und Geschlossenheit aus: ein In-sich-Ruhen, das vielleicht einen Mangel an jugendlicher Aufgeschlossenheit einbegreift, aber durch Dichte und Wärme latente Möglichkeiten andeutet.
Im Zeichenraum steht der Baum fast in der Mitte, recht kindlich setzt er am Blattrand auf. Der breite «Fuß», der Wurzeln und Erdreich andeutet, wird durch eine starke und schwer wirkende Krone im oberen Raum entsprechend aufgenommen.
Der Ansatz des Stammes wirkt stark und statisch, unbeirrbar, tragfähig und belastbar. Der imaginative Knotenpunkt zwischen Wurzel und Stamm ist stabil, ohne besonders betont zu sein. Die Wurzeln sind nur angedeutet, fächern aber breit und gesund aus: Vermutlich ist sich das Mädchen seiner Geborgenheit im Hergekommenen bewußt, wie auch die geschlossene und dabei lebendige Krone ergänzend nahelegt.
Der Stamm des Baumes ist im unteren Teil recht breit und stabil, wird aber zur Krone hin schlanker und wirkt unterhalb des Kronenansatzes fast grazil, verglichen mit den sonstigen Proportionen. Die Fläche des Stammes ist dunkel schattiert und weist damit auf Wärme des Gemütes hin; im unteren Teil ist eine leichte Erhebung angedeutet, die aber nicht als Wunde oder Narbe zu verstehen ist. Eine Konturierung des Stammes wird nur auf ganz kurzer Strecke rechts in der oberen Mitte durch einen scharfen Strich (Hinweis auf Reflexion) ausgeführt. Im übrigen ist der ganze Stamm in Fläche und Kontur als dunkel-tonige

Schattierung ausgeführt: Die soziale Umweltbeziehung der Zeichnerin ist warm, unproblematisch, gefühlsbetont. Links läßt sich ein zum Teil verschwommener Übergang erkennen, der eine Beeinflußbarkeit im Emotionalen nicht ausschließt. Rechts dagegen, im Raum des aktiven Verhaltens, grenzt der Stamm in lockerer, fast schraffierter Schattierung leicht und doch sicher ab; hier werden Denken und Gefühl gut integriert.

Über dem schmaler werdenden oberen Stamm-Ende buchtet die Krone in Kugelform aus. Einige Äste sind erkennbar, Gezweig ist im angedeuteten Laub verborgen. Zweige und Äste streben nach außen-oben, nichts ist geknickt, keine Verbiegung, kein Bruch; alles ist gesund gewachsen. Auch in der Krone finden sich keine eigentlichen Linien; Grenzen sind durch Schattierung und Schraffierung angedeutet – noch einmal eine Bestätigung der Integration von Besonnenheit und Gefühl.

Besondere Beachtung verdient die Umgrenzung der Baumkrone, ein tonig schraffierter Übergang nach außen hin. Sieht man genau hin, so fehlt jede Kontur, und man vermißt das Rationale der Oberschülerin, die Bewußtheit ihrer erwachten Emotionalität. «Schaut» man dagegen und erfaßt man die Baumkrone als Ganzheit, so ist sehr wohl eine eindeutige Grenze zur Umwelt hin vorhanden: eine «gefühlte» Grenze, ein instinktives Sichbewahren.

In Geborgenheit aufgewachsenes Mädchen; geschlossene, warme Familieatmosphäre. Ein älterer Bruder. Beide Kinder sind musisch aufgeschlossen und geschult. Wenig Streben nach Selbständigkeit, etwas verträumt und nur allzugern noch «Kind im Hause». Gute Schülerin, brav, unproblematisch.

XXXV

Ein durch seine scharfe Konturierung auffallender Baum, der das in Röhrenform auslaufende Geäst wie durch einen Rahmen einzuschließen scheint.
Der Baum steht fast genau mitten im Bild, er füllt es aus und respektiert dabei überall die Ränder. Krone, Stamm und Wurzeln sind gut proportioniert. Das Mädchen paßt sich seiner Umwelt an.
Der Stammansatz ist breit – vielleicht mehr Wunsch nach echter Basis –, zur Wurzel hin fast auseinanderfließend. Die Wurzeln tasten suchend nach Halt (die Eltern sind stark beschäftigt und haben wenig Zeit für das Kind, das von diesem und jenem betreut wird). Das Wurzelwerk ist nicht krank und auch nicht verkümmert, aber es wirkt etwas amorph, und es läßt jene röhrenartige Offenheit an den Enden erkennen, die auf Ratlosigkeit hinweist.
So breit und wuchtig der Stamm ansetzt, kann er doch nicht recht glaubwürdig den Eindruck der Stärke vermitteln. In seiner Mitte wird er etwas schmaler, nicht in weichem Übergang, sondern in abgesetztem Strich gezeichnet: als sei der breite Fuß nur eine äußere Hülle, die die Krone gar nicht wirklich trägt. Reicht die Kraft des Mädchens für den Lebensanspruch aus?
Der Kronenrand setzt mit scharfem, eher scharf-hartem Strich an, ornamentartig, gewollt. So «wachsen» die Äste auch nicht heraus, sondern sie «erscheinen» plötzlich. Nur die zwei äußersten Linien verraten den Zusammenhang mit dem Stamm. Die Äste verdicken sich wulstartig – Symptom für Überforderung –, dann münden sie in Zweige und

♀ 15;2

verlaufen als offene Röhren, die Ziel- und Ratlosigkeit auszudrücken scheinen.
Die Baumkrone soll gewiß Blattwerk andeuten. Aber dieses wächst nicht und sproßt auch nicht. Es tritt nur als Umrandung auf, die überdies verhärtet ist. Der Austausch mit der Umwelt wird gerade während der erwachenden Emotionalität hart und rigoros abgeschnitten, ohne Geborgenheit zu bieten. Bemerkenswert ist, daß der ursprünglich weicher gezeichnete, zu der übrigen Strichart besser passende Kronenrand forciert nachgezeichnet wurde.

Einzelkind, häufig wechselnden Personen überlassen. Als Fahrschülerin schon früh den Eindrücken und Einflüssen der Umwelt ausgeliefert.

XXXVI

Mit großer, aber diffus schattierter Krone und angemessen stabilem Stamm füllt der Baum das Blatt aus, ohne daß mehr als zwei Stellen an ihm wirklich profiliert hervortreten: der nach rechts gestemmte Aststumpf und die starke Dunkelung auf der linken Stammseite.
Der Stamm beginnt auf der Bodenlinie, eine kindliche Form und im Zusammenhang mit anderen Symptomen auf regredierte Entwicklung weisend. Er setzt jedoch schwingend und mit breitem Fuß an, wobei die linke Seite durch den langen Ansatz und durch die schon am Blattrand beginnende Dunkelung betont ist (introverse Thematik). Mit zügiger Strichführung verlaufen dann die Konturen nach oben. Der Stamm wirkt steif, er verjüngt sich wenig. Die rechts abgrenzende Linie ist tonig, die linke scharf, auch hier wieder eine Akzentuierung der seelischen Innenbeziehung. Überraschend wächst auf der rechten Seite unter dem Kronenansatz ein mit Sorgfalt gezeichneter Aststumpf heraus. Er fällt besonders auf, weil der gerade und starke Stamm sonst ungestaltet bleibt. Die Schnittfläche ist mit scharfem Strich konturiert, beide Seiten des Stumpfes sind überdies stark gedunkelt, man kann sagen: fixierend geschwärzt, somit ein Hinweis auf den hier zu suchenden Konflikt. Er läßt an einen Protest denken, der sich gegen Partner oder Umwelt richtet.
Die Krone ist groß, wolkig, diffus, ohne rechten Ansatz und ohne eigentliches Außen. Die zart-tonige Dunkelung auf der linken Kronenseite deutet die Verletzbarkeit und Wehrlosigkeit des Zeichners an. Ganz wenig sieht man die

Weiterführung der linken Stammbegrenzung bis in die Mitte der Krone hinein, und zwar in Kegelform, für sein Alter eine zu kindliche Form des Kronenansatzes (Retardierung oder eher noch Regression).
Der Baum drückt Leiden, Protest, Abwehr aus, wobei die Fähigkeit zu fehlen scheint, die Lebenssituation rational zu erfassen und zu artikulieren: Die Differenzierung fehlt, die Krone fügt sich weder in den Raum, noch ist sie gestaltet.
Als ergänzende Aussagen lagen Handschrift und Wartegg-Zeichentest vor. Normativ-ethische Zuchtschrift. Im WZT wurde das Zeichen 5 (Dynamik) überspielt, um dann im Zeichen 6 (Geschlossenheit) «mit Spätzündung» als Pistole wieder aufzutauchen. Die Waffe ist durch fixierende Schwärzung betont und nach links (auf den Zeichner selbst) gerichtet. Das Selbstquälerische ist nicht zu übersehen. – Kind aus gutbürgerlichen Kreisen, unehelich, der Vater ist ihm unbekannt. Mutter berufstätig, dem Sohn gegenüber hart und fordernd, zum Teil aus Nervosität. Notgedrungen häufig wechselnde Unterbringung, kein «Zuhause».

XXXVII

Ein kräftiger und gesund gewachsener Baum in altersentsprechender Ausführung. Er strahlt Vitalität und emotionale Wärme aus.

Der Stamm setzt altersgemäß auf der unteren Blattlinie an; er steht etwas links im Schreibraum, was einer gewissen Scheu in der Situation der Testanforderung entspricht – das Handwerkerkind ist etwas kontaktungewohnt. Die Krone des Baumes beginnt in der Mitte des Zeichenblattes, ohne den oberen Raum auszufüllen. Trotzdem wirkt der Baum frei und stabil.

Wurzeln sind nicht gezeichnet. Der Stamm beginnt mit zwei gerade geführten Linien, die am Boden leicht schwingend ansetzen. Erst kurz unter dem Kronenansatz wird der Strich abgesetzt und korrigiert. – Die Mitte, das Herz des Baumes, ist hier sehr ausdrucksvoll gezeichnet: Stark und schlicht trägt sie die fünf in Fingerform ausgabelnden Äste. Jeder der Äste führt ohne Windungen leicht ausgefächert nach oben. Der mittlere bildet die Spitze, strebend, aber nicht aggressiv. Die beiden rechten Äste rücken aneinander, etwas «außenscheu», der Linksstellung des Baumes entsprechend. Frei und unbefangen schwingt der linke (introverse) Ast aus.

Bemerkenswert handhabt das Kind die Thematik von Zweigen und Blättern. Es läßt von den Ästen sowohl Zweiglein mit Blättchen ausgehen als auch, fast im Wechsel, recht große und ausgefallene Blätter. Es «erzählt» die Krone; es addiert, was dazugehört.

Die Strichführung ist durchweg zügig, naiv-sicher, unab-

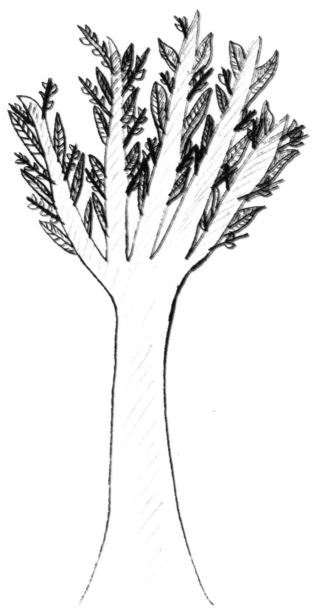

♂ 10;3

gesetzt. Der tragfähige, starke Stamm ist im Strichcharakter fest, die Äste sind eher tonig konturiert. Die Blätter werden fest oder scharf gezeichnet. Damit wird die Bedeutung von Geäst und Blattwerk (Ausdruck des Gemütes) hervorgehoben. Gekonnt und sicher schraffiert der Junge die Fläche von Baum und Ästen, mit leichtem tonigem Strich. Emotionale Wärme und Besonnenheit zugleich sind hier ausgedrückt.

Der Wartegg-Zeichentest war sicher, dabei noch kindlich ausgeführt; die Handschrift ließ die gute Intelligenz, die emotionale Wärme, die seelische Belastbarkeit und die Ausgewogenheit des Jungen erkennen. – Kind von solidem Handwerkerehepaar; mehrere Geschwister. Der Test wurde erbeten, um die Schulrichtung klären zu helfen, für die man sich entscheiden sollte.

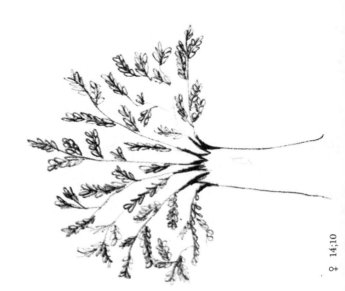

XXXVIII

Der Baum wirkt stark und ausgefaltet, wenn man seine Disproportion zum Zeichenraum nicht bedenkt. Im Widerspruch zu dieser Harmonie steht der Kronenansatz, der vor allem durch die fixierende Schwärzung einen Hinweis auf die aktuelle Problematik gibt.
Der Raum ist nur zur Hälfte berücksichtigt; und selbst hierin steht der Baum tief gesetzt und nach links gerückt. Ohne den Hinweis auf die vermutliche Störung dächte man, die Zeichnerin fühle sich bei offensichtlicher Umweltscheu in ihrer Zurückgezogenheit recht wohl. Der Baum bedrängt keinen der Ränder, der Stamm beginnt frei im Raum, und die Krone entfaltet sich harmonisch und ungezwungen.
Der Stamm ist durchgehend breit, er wirkt stabil und tragfähig. Die Konturierung ist in zügiger, unabgesetzter Strichführung ausgeführt (rationale Sicherheit), der Strichcharakter ist scharf (bewußte Kontrolle). Wurzeln sind nicht gezeichnet, so daß man keine aktuelle Problematik im Verwurzelungserlebnis vermuten muß.
Dagegen ist der Kronenansatz am Stamm in mehrfacher Weise betont. Wir erkennen einen eindeutigen Fingeransatz, die frühkindlichen Formen sind durchaus überwunden. Aber zu einem organischen Wachstum ist es nicht gekommen, und hier scheint ein Konflikt des Mädchens zu liegen, den man in der Thematik der Persönlichkeitsentfaltung, der emotionalen Eingliederung in die Umwelt, suchen sollte. Dafür sprechen drei Symptome, die durch die Erfahrung gut abgesichert sind: der ausgeprägte Fingeran-

satz, seine scharfen Formen und seine fixierende Schwärzung.
Sieben Äste entfalten sich in Rutenform, die ebenmäßig und leicht nach außen schwingen. Freilich wird hier der Strich unsicher; im Charakter bleibt er ungestört. An den Strichästen setzen Zweige und daran unmittelbar Blätter an. Das reiche und ausgefaltete Blattwerk läßt die Krone des Baumes lebendig und gesund erscheinen und weist auf die warme Emotionalität des Mädchens hin.
Die Krone hat keinen betonten Abschluß, sie wirkt jedoch durch ihre ebenmäßige Form geschlossen. Zentrum und Außen sind ausgeprägt aufeinander bezogen.
Der lockere und dabei deutlich «wachsende» Außenbereich des Blattwerks der Krone läßt die emotionale Zuwendung zur Umwelt, vermutlich sogar ein echtes Bedürfnis danach erkennen. Die Aufgelockertheit des Kronenrandes weist überdies auf Eindrucksfähigkeit und Beeindruckbarkeit hin. Um so gravierender muß das Mädchen ihre stagnierende Persönlichkeitsentfaltung erleben und darunter leiden.
Einziges Kind berufstätiger Eltern. Die energische und autoritäre Mutter verfügt über das Kind, das bis in die ersten Schuljahre bei Verwandten untergebracht worden war. Fürsorge und Liebe zum Kind sind in hohem Maße vorhanden.

XXXIX

Der Baum fällt durch seine Gestaltung auf, die ins Reich der Märchen zu gehören scheint. Andererseits ist er so differenziert ausgeführt und so klar im Ausdruck der für den Zeichner aktuellen Problematik, daß dies einer allgemeinen Realitätsferne widerspricht. Erstaunlich ist die Erfassung des unbewußten Problems der Verwurzelung und zugleich der Persönlichkeitsentfaltung. Wenn überhaupt je ein Ansatz von Stamm und Wurzel seinem Ausdruck nach bedeutsam ist, so dürfte es hier der Fall sein. Das Auge wird unwillkürlich auf diesen Bereich des Baumes gelenkt, um dann zum Wurzelwerk selber und dem gegenüberliegenden Kronenansatz zu gleiten. Bemerkenswert sind hierbei besonders die beiden schwarz umrandeten Höhlen, die den Betrachter wie Augen anstarren. Die Gestalt des Baumes ist wuchtig, die Überbetonung läßt Kompensationen vermuten. Der Raum ist nicht nur erfüllt, er wird von der Krone überschwemmt – sie ergießt sich darüber hinaus besonders nach links oben: Dies entspricht durchaus der damals relevanten stark stimmungsbetonten Strebensthematik des jungen Mannes. Während die Formung im unteren Bereich des Baumes überbetont ist, setzt unmittelbar nach der Ausfaltung in Äste eine diffuse Strichelung ein, die Gezweig und Blattwerk andeutet. Das Ganze wirkt, durch die Leerstellen verstärkt, wolkig, nebulos, stimmungshaft, und gibt genau die Art der Weltzuwendung wieder, die zu jener Zeit überwog: gefühlsverhaftet, verträumt, irrational und dem Atmosphärischen selbstvergessen hingegeben.

Wenden wir uns dem konturierten Teil des Baumes zu, so haben wir erst einmal den kräftigen Stamm, der etwas links im Bild steht und eine leichte Neigung nach rechts zeigt. Dies entspricht der introvertierten Natur des Mannes, der Kontakt mit der Welt sucht. Der mittlere Teil des Baumes ist mit festem Strich gezeichnet, fast mit fest-deftigem, der in krassem Gegensatz zu der tonig bis zarten Strichart der Kronenzeichnung steht. Die Schwärzung des Striches ist an den Seiten des Stammes besonders intensiv (Bereich des sozialen Kontaktes mit der Umwelt) und führt dann im Bogen nach unten in das verzweigte Wurzelwerk. Die Wurzeln suchen den Boden, sie setzen aber auch künstlich auf, wie der kleine Ausläufer rechts zeigt. Bemerkenswert sind die zwei Rundungen, die auf Unterhöhlungen des Baumes deuten könnten. Der Baum steht stark und tragfähig, er ist jedoch nicht mit dem Erdreich integriert. Dieses ist perspektivisch gezeichnet, ein Symptom der Reife. Links im hinteren Raum steht auf einem kleinen Hügel (Isolierungserlebnis) ein kräftiger Baum mit starkwüchsiger, geschlossener Krone (starke aber unentfaltete Emotionalität). Dies könnte ein Symbol für seine Vergangenheit sein, das seine jetzige, spät einsetzende Persönlichkeitsentfaltung noch betont.

Bemerkenswert ist der Fingeransatz der Baumkrone am Stamm, den wir aus der Zeit der Pubertät kennen. Es finden sich nur wenige Andeutungen auf organische Astansätze, die additive Ausfächerung der Äste scheint eher durch verstärkte Konturierung betont zu sein. Bezeichnenderweise ist der einzige wirklich organisch aus dem Stamm wachsende Ast bei dem verinnerlichten Mann auf der linken Seite der Astreihe zu finden. Der Kronenansatz läßt auf eine drängende und etwas forcierte Entfaltung des emotionalen Bereiches schließen, der vielleicht gerade durch seine Verspätung – der Mann ist 23 – so betont ist. Und doch mündet der Drang zur Persönlichkeitsentfaltung in eine mehr introverse, stimmungsbetonte Weltsicht, die sich den Realitäten nicht recht anpassen will. Erschwerend dürfte die Gefahr unkontrollierter Eindrucksüberschwemmung sein, die das diffuse Außen der Baumkrone vermuten läßt. Die Krone überbordet das Zeichenblatt und läßt auf einen mangelnden Realitätsbezug schließen.

Der ganz seltene Fall, daß die Thematik der Persönlichkeitsentfaltung und jene der Verwurzelung zugleich in so ausgeprägtem Maße auftreten, mag Mitursache für die Realitätsflucht geworden sein. Andererseits ist nicht zu vermuten, daß der Mann in seiner jetzigen Traumwelt sein Problem zu lösen vermag.

Älterer von zwei Brüdern, Kriegerwaise; behütet und geliebt in einer Kleinstadt (mittleres Bürgertum) aufgewachsen. Die Interessen sind anfangs ungerichtet, weltanschauliche Probleme tauchen erst während des Studiums auf, werden jedoch dann um so drängender.

XL

Ein Baum mit Stamm, Ästen, Zweigen, Blättern. Aber doch ein recht unsicherer, ratloser Baum, der zwar nicht krank, aber hilfsbedürftig wirkt.

Die Baumgestalt steht im unteren Zeichenraum, wenn auch nicht auf dem Blattrand: Eine gewellte Bodenlinie deutet das Erdreich an. Man vermißt die für das Alter von 16 Jahren übliche Tendenz zum oberen Bereich des Zeichenraumes. So finden wir auch den Kronenansatz, das «Herz», relativ weit unten, was nahelegt, daß die Persönlichkeitsentfaltung noch nicht ausreichend thematisiert ist. Durch die leichte Neigung der Krone ist die rechte Seite etwas betont, was durch die ausgreifenden Äste auf der Rechten noch unterstrichen wird. Die introverse, linke Kronenseite läßt eine Entfaltungshemmung erkennen: Die Äste sind hier dicht aneinander gedrängt, der Raum wird nicht genutzt.

Der Stamm setzt mit einer zaghaften Schwingung auf dem Boden auf, um parallel bis fast zum Kronenansatz aufzustreben. Hier wird der Zeichner unsicher: Es kommt zu einem Knotenstamm (Entfaltungskonflikt), aus dem sechs unsichere Strichäste sprießen. Es liegt nahe, daß hier sein Problem zu suchen ist: Die Selbstentfaltung eines Sechzehnjährigen sähe normalerweise anders aus. Die Äste schwingen in Wellenlinien aus und münden in zartere Zweige. Die Rundungen der Bewegung und auch die Blätter verraten Gefühl. Die Kargheit von Gezweig und Blattwerk aber läßt eher auf Irritierbarkeit als auf emotionale Kräfte schließen. Der Kronenrand ist durch locker aus-

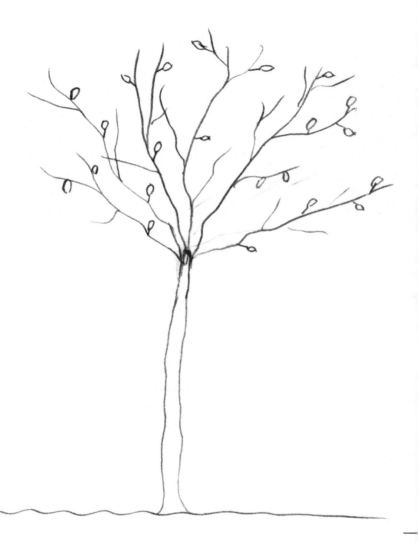

♂ 16;–

schwingende Striche abgegrenzt, die Aufgeschlossenheit sowie auch Störbarkeit vermuten lassen.

Der Strichcharakter ist bei Bodenlinie, Stamm und Ästen scharf, das gleiche gilt für die Kontur der Blätter. Die Zweige sind dagegen überwiegend zart gezeichnet. Der Strich bestätigt die Gefühlsabhängigkeit und läßt den Versuch erkennen, Störungen rational zu bewältigen.

Sowohl Raumbehandlung als auch Baumgestaltung lassen auf eine Entwicklungsretardierung schließen. Der Knotenansatz lokalisiert das Problem in der emotionalen Entfaltung, die vermutlich aus Mangel an Zuwendung und Partnerschaft stagniert.

Der Wartegg-Zeichentest verriet zeichnerische Begabung. — Gebildete Eltern, intaktes Zuhause; eine jüngere Schwester. Beide Eltern berufstätig, das Kind war viel sich selbst überlassen und ist in wechselnder Obhut. Guter Schüler.

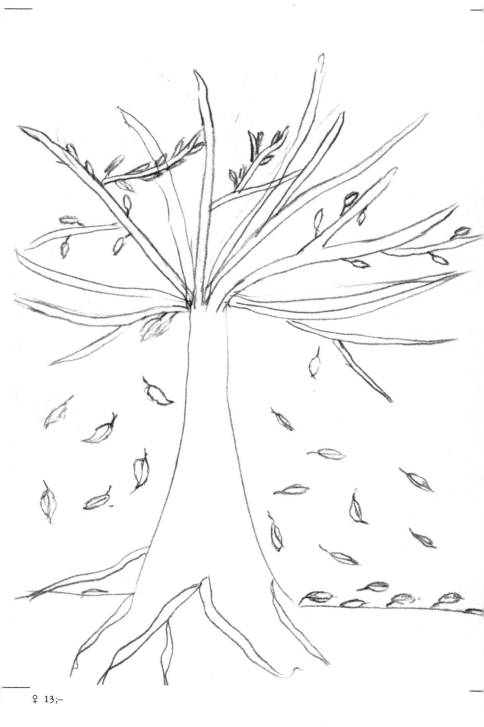

♀ 13;–

XLI

Einen traurigen Anblick bietet dieser vom Sturm zersauste Baum, der die leer gefegten Äste wie Dolche nach allen Seiten streckt. Die Blätter rieseln noch immer zur Erde. Es ist erstaunlich, wie voll der Raum des Zeichenblattes ausgefüllt wird. Selbst die fallenden Blätter verteilen sich fast ebenmäßig über die freien Flächen. Der kahle, fast tot wirkende Baum steht stark mitten im Raum, etwas nach links unten gerückt, fast dem Alter angemessen, nur wenig retardiert.
Die Krone stößt links an den Blattrand, während sie rechts ausreichend Platz läßt.
Obwohl der Baum nicht konstruiert ist, wirkt er starr. Er wächst nicht – ein offenbar durch Umwelteinflüsse geschädigtes organisches Gebilde. Stamm und Wurzel gliedern sich nicht auseinander; wo sie sich trennen, wird nur durch die seitlich angefügte Bodenlinie markiert. Wurzeln sind sehr wohl gezeichnet und die Thematik des Verwurzeltseins ist stark betont, doch «wachsen» die Wurzeln nicht (und sie «nähren» somit auch nicht!), sondern sie setzten frei an und wirken wie Würmer, die zur Erde hinkriechen. Links vom Stammansatz finden sich mehr davon als rechts; das zeigt den Anteil des Verwurzelungsproblems am Erleben und Leiden des Kindes.
Der Stamm verjüngt sich auffällig nach oben, im letzten Drittel wird er schmal und unlebendig. Der knotenartige Kronenansatz mündet in eine Vielzahl unlebendiger Äste. Ganz gewiß könnte dieses Entfaltungszentrum die Baumkrone (und somit die sich entfaltende Persönlichkeit) we-

der tragen noch speisen. So wirkt die Magerkeit und Armut der Äste fast glaubhaft. Der klare Stamm und die zügige Konturierung lassen freilich bald erkennen, daß hier mehr an Potential vorhanden war.

Sechs der Äste gabeln sich aus in Gezweig, das z. T. mit einigen letzten Blättern besetzt ist. Oben an der Krone gibt es sogar noch zwei belaubte Zweige – sie erwecken Hoffnung, daß über die Bewußtwerdung des Mädchens wenigstens ein Verarbeiten des offensichtlichen Leidens angestrebt werden kann. Die Äste verlaufen strahlenförmig und dabei fast gleichmäßig von der Mitte zur Peripherie. Sie enden schwertartig, jedoch nicht eigentlich scharf. Es liegt mehr Abwehrbestreben als Kraft dazu im Ausdrucksbild dieser vielen Enden.

Die rieselnden Blätter sind groß und ausdrücklich gezeichnet, doch durchweg mit gestörtem Strich, nämlich tonig-schwammig oder scharf-hart. Das rechts schon abgefallene Laub läßt frustrierende Einflüsse aus der Umwelt vermuten, die offenbar durch eine Luftwurzel links am Stamm (Erlebnisbereich) kompensiert werden sollen.

Handschrift und Wartegg-Zeichentest wiesen auf Entwicklungshemmung bei ausgesprochener Gutwilligkeit und mittlerer Begabung hin. – Sonderschulkind EL («Erziehungsschwierige – Lernbehinderte»).

XLII

Dieser Baum ist die Projektion des Selbsterlebens eines 14jährigen. Seinem Alter nach sollte für ihn jetzt die «goldene Jugend» beginnen. Aber wir müssen uns fragen, ob diesem jungen Menschen das Leben noch lohnend erscheint, es sei denn, um sich an ihm zu rächen. Bei starkem Wuchs und breitem Entfaltungsstreben setzen die Stümpfe, Brüche, Knickungen, Wunden, Verquellungen schon tief am Stamm (also früh im Leben) an, um sich bis in die Spitzen im Außenbereich der Krone (bis zur Aktualität der emotionalen Umweltbeziehungen) fortzusetzen.

Der Raum ist voll ausgefüllt. Der Baum paßt sich ein. Er ist etwas nach links gesetzt, wohl aus einer gewissen Kontaktscheu.

Der Stamm des Baumes setzt auf einer Linie auf. Dies und einige weitere Symptome lassen erkennen, daß hier keine Entwicklungsretardierung vorliegen dürfte. Der Baum steht sicher auf der Erde, mit breitem Fuß, der in einen schmaler werdenden, doch immer noch kräftigen Stamm übergeht. Der Stamm ist mit scharfem und unabgesetztem Strich konturiert. Die natürliche Basis des Jungen scheint tragfähig zu sein. Die Verwurzelungsthematik ist offenbar nicht relevant. Auf halber Höhe des Stammes finden sich zwei mit scharfem Strich gezeichnete Aststümpfe, deren Schnittfläche betont ist. Wir können daher vermuten, daß sie auf seelische Verwundungen hinweisen. Links wächst ein Ast heraus, dessen Ansatz nachgezeichnet ist; er läßt auf Kompensation eigentlichen organischen Wachstums schließen. Der Ast hängt etwas und endet abrupt, wieder-

um mit deutlich betonter Schnittstelle (frühe Frustrationen im Erlebnisbereich). Ein dünner Zweig mit spitzigen Enden weist nach unten; die Strichführung ist hier abgesetzt, druckschwankend, der Strich ist tonig-schwammig und geht ins Scharf-Harte über.
Wenig höher folgt rechts ein zweiter Ast, der einzige mit organischem Ansatz. Bei seiner Gabelung in Zweige wird der Strich scharf-hart abgesetzt, ja fast gestückelt. Der harte, spitze Winkel ist betont (Tendenz zu aggressivem Wollen). Seine weiteren Verzweigungen sind fast durchweg rechtwinklig angesetzt, geometrisch, ein Widerspruch zum Organisch-Lebendigen. Sie wirken bedrohlich wie aufgeklappte Taschenmesser; die Spitzen, besonders jene nach rechts außen, sind aggressiv geschärft.
Erst über diesen beiden Ästen setzt die eigentliche Baumkrone an. Der Stamm ist hier wie eingeschnürt, so daß fünf Kronenäste nicht herauswachsen, sondern herausquellen. Die beiden äußeren gehen sofort in Verdickungen über, auf permanenten Entwicklungsstau hinweisend. Ein weiterer strebt, dünn ansetzend, nach rechts oben und mündet in einen Kropf. Aus ihm ragen unmotiviert die zwei nächsten Äste heraus; auch sie münden, schmal ansetzend, in keulenartigen Verdickungen, Hinweise auf gehemmte Persönlichkeitsentfaltung. Links folgt ein Aststumpf mit betonter Schnittstelle: vermutlich Ausdruck einer weiteren Frustrierung. Der linke Kronenast, verkümmert und gebrochen, fällt durch seinen gestörten, aber weichen Strichcharakter auf: Beeinflußbarkeit des Gefühls.
Aus dem starken Stamm wird verständlich, daß die fünf Hauptäste trotz der Brüchigkeit des Ganzen in die Höhe

♂ 14;–

streben: Der Stamm drückt Kraft, das Aufstreben der Äste Lebenswillen aus.

Strichführung und Strichcharakter sind durchweg gestört: ie sind unsicher, zart-fragil, tonig-schwammig, scharf-hart und fixierend geschwärzt.

Wirken die Äste allein schon krank, pervers, gestört, so geben die deutlichsten Hinweise auf das Leiden dieses Jungen die abgeknickten toten Zweige, die Verwachsungen, Gegenzüge. Sie weisen auf Denaturierungen im Seelenwachstum hin, wie sie häufig durch schädigende Umwelteinflüsse und fehlende Leitbilder zustande kommen. Für laufende Frustrierungen sprechen die drei abgeschnittenen Äste an der linken Seite. Rechts drücken Brüche und «Dolche» die schwer gestörte Kontaktfähigkeit aus. Und oben ist der höchste Zweig des Mittelastes weggeknickt: Das Streben ist gebrochen.

Erschütternd ist der Kontrast zwischen dem schwer verletzten Baum und der zarten Blume rechts am Fuß des Stammes.

Sonderschule, Kategorie EL («Erziehungsschwierig – lernbehindert»). Persönliche Verhältnisse unbekannt.

XLIII

Dies amorphe Gebilde, das im unteren Teil des Zeichenblattes kraftlos in die Höhe quillt, soll einen Baum darstellen.
Der Stamm setzt am Papierrand auf. Der Baum steht etwas links im Raum, er ist so kümmerlich, daß er auf der weiten Fläche wie verloren wirkt.
Am bemerkenswertesten ist jedoch die Gestalt, besser: die Ungestalt des Baumes. Das Gewächs ist embryonal oder geschrumpft, wie im Wasser verwest oder durch Waldbrand umgekommen – wer ist je in der Natur einem solchen Baum begegnet?
Wurzeln sind schwer vorstellbar bei diesem Gebilde, der Krüppel hat allenfalls einen «Fuß». Die Breite der Basis könnte auf eine solide Fundierung hinweisen; schon bald aber verliert sich der Eindruck, und der Stamm mündet, nach wenigen schwachen Ausbeulungen, in einen halbfertigen Schlauch. Dann folgt eine Verdickung, an deren rechter Seite ein qualliger Ast leblos nach unten hängt; dagegen ragt links eine spitze tote Stange nach oben. In weiteren darmartigen Gewinden und Biegungen nimmt der Stamm seinen Verlauf aufwärts, rechts noch einmal von kleinen Auswüchsen verunziert. Dann folgen im letzten Stück vor der «Krone» zwei parallel verlaufende Biegungen, und jetzt beginnt links die Ausgabelung der Äste.
Der schmale Ansatz unter der «Krone» ist das einzige gesunde Element des Baumes, und er ist darum besonders bedeutungsvoll. Jetzt aber folgen amorphe Bildungen, die mit Wachstum nichts mehr zu tun haben. Und sind auch

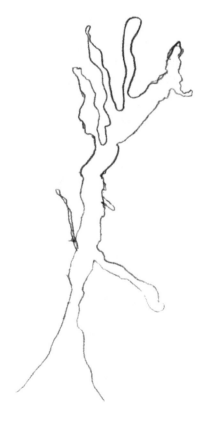

die mittleren Äste mit zügigem Strich noch hinlänglich als kahles Geäst erkennbar, so scheinen der linke und der rechte «Auswuchs» doch Bildungen zu sein, die einer perversen Phantasie entsprungen sind. Beim linken Ast finden wir als Ansatz wieder einen Flaschenhals wie schon am Stamm, dann folgt eine quallige Verdickung. Der rechte Ast besteht aus einem mit tonig-schwammigem Strich gezeichneten Fragment.

Der Strich ist überall gestört. Im unteren Teil des Baumes ist er zart-fragil bis tonig-schwammig. Im obersten Teil der «Krone» kompensiert der Zeichner durch scharf-harten Strich.

Es wird verwundern, daß dieser Baum von einem normalen, gesunden und in der Schule gut durchschnittlichen Jungen stammt. Doch ist er in der Pubertät, die ihn endogen erheblich beeinträchtigt. Dazu kommen aktuelle Probleme. Belastend für die Situation ist, daß sich der Junge dabei nicht kompensierend auf ein Leitbild stützen kann: Er hatte wenig Möglichkeit, sich mit seinem Vater, einem zurückgezogenen und abweisenden Mann, in der Kindheit zu identifizieren. – Gutwillige, aber in der Erziehung hilflose Eltern. Einzelkind.

XLIV

Trotz seiner Deformierungen wirkt der Baum nicht schwach und auch nicht undifferenziert. Um so eher weist er auf Milieuschädigungen hin.
Der Baum ist für das Alter des Jungen erstaunlich gut ausgefüllt. Das «Herz», der Kronenansatz, liegt fast genau in der Mitte des Blattes; Stamm und Krone sind etwa gleich weit vom Rand entfernt. Der etwas nach links gerückte Stammansatz wird durch die leichte Rechtsneigung ausgeglichen.
Trotzdem wirkt der Baum nicht ebenmäßig und läßt keineswegs auf eine harmonische Persönlichkeit schließen. Die Baumgestalt ist amorph bis pervertiert. Der Stammansatz ist vergleichsweise schmal, ebenso ist hier die Strichführung besonders zaghaft, der Strichcharakter tonig bis tonig-schwammig. Die Konturierung ist wenig betont, dafür ist die Fläche des Stammes durch Vertikalstriche aufgerauht: ein Hinweis auf Schwierigkeiten in der sozialen Anpassung. Tastend und kümmerlich hängen ein paar Wurzeln am schwachen Fuß des Stammes, ohne eigentlich herauszuwachsen, was der (in ergänzenden Tests ausgewiesene) recht gute Zeichner doch hätte darstellen können. Die rechte Wurzel ist durch scharfen Strich betont. Der Stamm verdickt sich nach oben zu keulenartig, einen Kropfansatz andeutend. Dann mündet er in drei kegelförmige Äste. Alle diese Holzteile des Baumes sind durch Strichelung «rissig» gezeichnet: Schwierigkeit in der Sozialisierung. An den etwas groben Astkegeln sitzt nun ein Gewirr von Zweigen, zum Teil durch scharfen Strich betont,

schlauchartig oder spitz wie Messer. Bemerkenswert sind einige wahrhaft dolchartige Winkelzweige: Aggression in der Vorpubertät bei Regredierungen. Rechts am Baum, der Umwelt zugekehrt, «sticht» ein winkelartig angesetztes «Messer» nach oben gerichtet in einen durch festen Strich betonten «Gegenzug». Die Art der Krone läßt vermuten, daß die emotionale Bindungsfähigkeit nicht weniger problematisch ist als die Sozialisierung, die der Stamm ausdrückt. Der Ast an der linken Seite des Stammes läßt ein traumatisches Erlebnis in der frühen Kindheit vermuten, das unverarbeitet blieb.

Ergänzungen aus Schrift und Wartegg-Zeichentest: intelligent und witzig, sachbezogen, wenig Interesse an menschlichen Problemen. – Einzelkind wohlhabender Eltern, die sich mehrfach trennen und wieder zusammenziehen und überdies die Partner wechseln.

XLV

Der Baum wirkt verquollen, schwülstig, fast pervers. Der dicke Kronenansatz und die schwingend-lebendigen Fransen, die aus den äußersten Spitzen des krank wirkenden Baumes sprießen, stehen in merkwürdigem Widerspruch zu dem kleinen schwachen «Fuß». Das Ganze ist hoch in den Blattraum gerückt und etwas nach links gesetzt: Strebensthematik der Adoleszenz. Der Ansatz von Stamm und Wurzel ist mager, durch scharfen Strich betont. Die beiden nach rechts unten ragenden Wurzeln, die eine aktuelle Geborgenheitsproblematik andeuten, sind der vielleicht profilierteste Teil der Zeichnung. In der Form sind die Wurzeln etwas dick, aber nicht verquollen. Der Boden wird angedeutet und schon perspektivisch gesehen. Nach einem Drittel beginnt der Stamm zu kranken: Geschwülste an der rechten Seite, umweltzugewandt, betont durch eine Wunde und Korrekturen in fixierender Schwärzung. Der Strich ist hier scharf, aber unsicher, auf Reflexion bei mangelnder Orientierung hinweisend. Kurz unter dem eigentlichen Kronenansatz zeigt sich noch einmal eine «Wunde» in der Mitte der Stammfläche (akute Problematik). Sie dürfte mit der erwähnten fixierenden Schwärzung in Zusammenhang stehen, so daß vorpubertäre Einflüsse aus der Umwelt jetzt noch Bedeutung haben. Hier unter dem Kronenansatz nimmt die Verdickung des Stammes eine ungesunde kropfartige Form an, aus der drei Astwülste wachsen. Der organische Ansatz der Äste ist angedeutet. Ihre Konturierung ist mit klarem Strich gezeichnet, und die krankhaften For-

men weisen weniger auf Unsicherheit als auf schiefes, «vergiftetes» Wachstum hin. Man wäre versucht, bei einem solchen Baum in der Natur an fehlenden Umweltschutz zu denken oder vielleicht auch an eine Baumkrankheit, die nach dem ersten Ansatz gesunden Wachstums den Organismus befallen hat.

Die Äste bilden weder eigentliches Gezweig noch normales Blätterwachstum aus. Einige Äste sind wie aufgeschraubt und wiederum verbogen und verdickt. Der rechte Ast teilt sich gar in der Mitte des Holzes, schließt sich dann wieder und mündet in eine Spitze, die leicht nach oben ragt. Auch im emotionalen Bereich scheinen die Kontakte gestört zu sein. Drei Zweige sind in Abständen aufgesetzt. Das Ganze wirkt nicht stilisiert, aber manieriert und pervertiert.

Die an den Spitzen aufgesetzten Büschel wirken dekorativ, sie sind vielleicht etwas unernst gemeint, um die traurige Gestalt zu über-spielen. Sie sind aber doch das Lebendigste am Ausdruck des Baumes. Sie sind es auch, die allein lockeren und ungestörten Strichcharakter zeigen, den man fast durchweg zart nennen könnte und der auf Rezeptivität «trotz allem» hinweist. Das «Trotzdem» hat hier seine Berechtigung darin, daß der Baum Ausdruck der Persönlichkeit, der Seele ist, die wie eine Pflanze immer weiter wachsen kann: gesund weiterwachsen und vielleicht noch ganz gesunden, wenn die Einwirkungen von außen es erlauben. Und, so muß angesichts des Alters dieses Mädchens hinzugefügt werden: wenn sie selber es erstrebt.

Einziges Kind, das in wohlhabenden, großzügigen Verhältnissen aufwächst und von den Eltern geliebt wird. Die kindliche Identifikation erfolgte ungebrochen – aber mit «denaturiertem» Vorbild.

XLVI

Großzügig ist hier in einigen Strichen ein Gebilde skizziert, das durch den angedeuteten Stamm, abzweigende Äste und hiervon ausgehende Zweige einen Baum darstellen kann. Die Sicherheit und Lässigkeit der Strichführung, das gesunde Ebenmaß der Gestaltung und die bewältigte Einordnung in den Raum schließen eine Deutung dieses Strichbaumes auf Entwicklungsretardierung oder Regression aus.
Der Raum ist harmonisch ausgefüllt, die vertikale Mittellinie steht zwar etwas nach links gerückt, aber doch als Achse im Zeichenblatt. Die Ausdehnung der Äste korrigiert die Linksstellung, denn die zur rechten Seite angesetzten schwingen weiter aus, sind dem Rande nicht weniger fern als die linken. Daß dabei die etwas gedrängter gezeichnete linke Seite des Baumes vielleicht einen gewissen Mangel an emotionaler Verarbeitung bedeuten kann, ist nicht auszuschließen: Die extraverse Weltzuwendung ist unbefangener, spontaner, weiter ausgreifend. Bemerkenswert sind auch die beiden linken «unteren» Äste, die den Stamm nicht berühren, während alle drei rechten den Stamm unbekümmert durchschneiden.
Der Stamm beginnt in einigem Abstand vom unteren Rand des Blattes, um in senkrechter Linie aufwärts zu führen. Der Zeichner setzt die Linie sicher in den Raum, was schon die ganzheitliche Konzeption der Gestaltung verrät. In harmonischen Abständen setzen sechs Äste an, locker hingeworfen, nicht sklavisch «ansetzend» und doch eindeutig vom Stamme ausgehend. Genau so locker, betont

♂ 18;–

leichthin, gehen von den Ästen Zweige aus. Stamm, Äste und Zweige geben dem Baum eine Gestalt, die durch die kleineren unteren und die breit ausladenden mittleren Äste eine angedeutete «Krone» einbegreift. Freilich gibt es keinen Kronenansatz: Das Unabgesetzte von Stamm und Krone ist ebenso Ausdruck wie die etwas gewollt genialische Skizzierung. Der Baum wirkt gekonnt und drückt die Lässigkeit und Intelligenz des Zeichners aus. Er ist aber auch differenziert und läßt auf angemessene Persönlichkeitsentfaltung schließen. Die merkwürdig am Stamm ansetzenden Äste, rein formal fast noch an einen T-Stamm erinnernd, schwingen so harmonisch aus, sie bilden ein so entfaltetes Ebenmaß, daß man hier trotz der Stilisierung noch die organische Baumgestalt erkennt. Selbst die Überschneidungen von «Stamm» und «Ästen» sind ausdruckshaltig: von einer Persönlichkeitsentwicklung kann man bei diesem jungen Manne insofern reden, als er sich in einer merkwürdigen Verwobenheit von Bewußtheit, Intellekt und menschlicher Hinwendung bei allem verpflichtenden Engagement in merkwürdig formaler Weise sozialisiert. Es gibt keine Reibungen, keine Hindernisse; Konflikte werden überspielt und nicht ausgetragen. Aber es gibt auch keine eigentlichen, warmen Freundschaften.

Der Strich ist bei der ganzen Zeichnung zügig und unabgesetzt, der Strichcharakter zart bis scharf. Daraus spricht Selbstsicherheit und Unbekümmertheit, ebenso Sensibilität und rationale Verarbeitung.

Ergänzender Wartegg-Zeichentest und «Familie in Tieren» waren durchweg ironisiert ausgefüllt. Die Handschrift zeigte die Intelligenz und Vitalität des Zeichners. – Eltern mit großzügi-

gem Lebensstil (Wirtschaft), nacheinander in mehreren Ländern seßhaft. Somit wechselt der Sohn Länder und Schulen, überwindet dies jedoch schadlos, indem er sich früh in eine Intellektualisierung zurückzieht, die von Emotionen und somit von seelischem Leiden distanziert. Eine jüngere Schwester, zu der die Beziehung durch ständige Trennung locker ist.

XLVII

Ein starker und gesund gewachsener Baum, der durch den Kontrast von sensibel gezeichnetem Kronenrand und scharf-konturierenden Strichen an Stamm, Ästen und Zweigen auffällt.
Der Raum des Zeichenblattes ist harmonisch ausgefüllt. Die feine Distanz zu allen vier Seiten läßt eine rücksichtsvolle Einordnung in die Umwelt des Zeichners vermuten, gespürt oder rational gesteuert. Der Baum setzt etwas links von der Mittelachse an, neigt sich dann aber nach rechts: Das entspricht der introvertierten Persönlichkeit (als Konstitutionstyp leptosom). Die Neigung der Krone nach rechts weist auf Umweltbeziehungen hin, die mehr im Emotionalen begründet sind als in einem naturhaften Drang nach sozialen Kontakten. Raumsymbolisch bemerkenswert ist die Spitze des Baumes, welche die Rundung des Kronenrandes nach oben gerichtet durchbricht. Sie ist es, die das Wertstreben und die Wahrheitssuche dieses «Philosophen aus Passion» ausdrückt.
Der Stamm setzt auf dem Boden auf, zeigt die Verwurzelung nicht, eine klare Linie trennt ihn sogar vom Boden. Das angedeutete Erdreich ist leicht perspektivisch gezeichnet, emotionale Differenzierung kann vermutet werden; abgefallene Blätter sollten uns nach der Neigung zu Depressionen forschen lassen. Bemerkenswert ist der Stein, der den Stamm am Wurzelansatz nach rechts hin (Umwelt und Aktivität) blockiert. Ob sich dies auf die Natur des Zeichners oder auf ein frühes Erlebnis bezieht, müßte erfragt werden. Eine entsprechende Frustrierung von außen

♂ 28;−

(in der Umweltbeziehung oder durch sie bedingt) scheint es später gegeben zu haben: Ein Aststumpf unter dem Kronenansatz weist darauf hin. Die Thematik müßte den ersten Ansatz der Persönlichkeitsentfaltung betreffen, denn von hier aus hätte der unterste Ast der Krone nach rechts ausgegriffen. – Der Stamm schwingt unten sanft an, um sich dann lebendig und plastisch geformt nach oben hin zu verjüngen. Die Äste gabeln nicht aus einer Mitte aus, sondern schrittweise in gesunder, organischer Entfaltung. Der linke untere Ast setzt etwas isoliert an, läßt anschließend jedoch eine Lücke auftreten, sowohl in der Folge der Ansätze als auch im Kronenraum. Überhaupt ist die linke Seite der Krone etwas dünner und magerer bewachsen. Die Äste gabeln in Zweige, die Zweige in «Stiele», an denen gelegentlich noch ein Blatt hängt. Trotz der asymmetrischen Dichte der Krone wirkt der Baum ausgewogen, ebenmäßig. Aus dem Rahmen fällt dagegen das Wachstum des nach oben strebenden Zweiges, der sich aus dem obersten rechten Ast gleichsam selbständig macht und über den Kronenrand hinausdrängt. Hier an der Grenze des obersten Zweiges finden wir auch drei nicht eigentlich aggressive, aber doch scharfe Abwehrspitzen, standhafte Verteidigungsbereitschaft im Bereich des Geistigen andeutend. Im Kontrast hierzu enden viele Zweige zu den Seiten hin in Röhrenformen, die auf Ratlosigkeit und Offenheit der Ziele hinweisen.

Bemerkenswert ist an diesem Baum aber vor allem der Kronenrand. Ein Gewirr von feinsten und sensibelsten Fasern finden wir, Antennen gleich; ein wahres Radargerät, das aus dem Raum aufnimmt, was immer sich darbietet. Und

hiermit ist auch schon die Schutzlosigkeit des von Natur introvertierten Mannes angedeutet, der doch im Leben der Umwelt gegenüber so ausgewogen wirkt, wie die Baumgestalt gezeichnet ist!
Die Lösung der offensichtlichen Diskrepanz zwischen Ausgeliefertsein und In-sich-Ruhen bietet uns die Strichanalyse. Die Stammfläche ist mit zart-fragilem Strich leicht gerauht, ähnliches gilt für die Fläche der Äste. Die Kontaktfähigkeit im sozialen Bereich ist auch hierdurch als problematisch angezeigt. Vor allem aber ist der Kronenrand wie mit einer Korona von zartem bis zart-fragilem Strich umgeben, die die Hypersensibilität des Zeichners unübersehbar macht. Die hilflosen Röhrenzweige als Grenze des Kronenholzes lassen auf wenig Widerstand hoffen, wenn es zu Angriffen und Belastungen kommt. Und nur im Bereich des Geistigen: des Moralischen oder des Intellektuellen, gibt es eine echte Wehrhaftigkeit, durch die drei oberen Spitzen über der Krone ausgedrückt. Nehmen wir Stein und Aststumpf symbolisch, so hat es Enttäuschungen gegeben, auch ist eine noch immer latente Blockierung an der Basis zu vermuten. Der Mann ist kein aktiver Kämpfer, er ist Eindrucksüberschwemmungen ausgeliefert.
Erst jetzt bekommt der bemerkenswert scharfe Strich der Konturierung von Stamm, Ästen und Zweigen seinen «Stellenwert»: Hinweis auf rationale Kontrolle, der die Vermutung einer wachen Selbstkritik nahelegt. Hier wird ja nicht starr kompensiert! Der konturierende Strich folgt dem lebendigen Wachstum des Holzes.
Der Zeichner hat sich in vertiefter Selbstbesinnung «organisiert», er zieht sich auf seine existentielle Basis – das Holz

– zurück, um von daher seine verletzbare Substanz zur Umwelt hin abzuschirmen, den Einblick zu verwehren, Verletzungen durch andere verstandesmäßig zu erhellen. (Ein vorangegangenes Psychologiestudium hat diese Tendenz vielleicht gefördert.) Der hochsensible Kronenrand würde den Baum vernichtenden Stürmen aussetzen (die Persönlichkeit schutzlos der Umwelt ausliefern), wenn der Mann nicht durch Reflexion sich selber Reservate für Selbsterhaltung und Regenerierung geschaffen hätte.

Großzügiges, extravertiert orientiertes Elternhaus; introvertierter Sohn zwischen mehreren extravertierten Geschwistern. Sehr früh Kriegsteilnehmer, lange Gefangenschaft, anschließend breites Studium verschiedener Fächer.

XLVIII

Ein zerbrochener Baum; nicht gefällt, nicht abgestorben: Das neue sprießende Grün am Stamm läßt doch noch Leben und Kraft in der Wurzel vermuten. Was lag hier vor im Leben des 16jährigen, und warum konnte er dem nicht standhalten? Der Baumstumpf steht auf der unteren Hälfte des Zeichenblattes. Wäre er vollständig, würde er den Raum sicherlich sprengen. Links und rechts vom Stamm bleibt etwa gleich viel Raum frei. Fast wirkt er ausgewogen in seiner Ruhe, in seinem ebenmäßigen Ansatz. Raumsymbolisch wäre bedeutsam, daß er nicht unten am Stumpf abbricht – wie man es manchmal findet –, und auch nicht unter der Krone. Er bricht «mitten durch».

Der Stamm-Wurzel-Ansatz ist breit, man möchte meinen, er wäre tragfähig; aber schon an dieser Stelle drängen die Wurzeln nicht haltsuchend in die Erde, sondern sie setzen auf, wie die künstlichen Füße einer Vase. Diese auffällige Unverbundenheit von Wurzel und Boden – Hinweis auf mangelnde Geborgenheit – wird unterstrichen durch die vertikale Tönung des Stammes, die im Kontrast zu der im horizontalen Pendelstrich hergestellten sanften Tönung des Bodens steht. – Der Stamm – soweit er noch vorhanden ist – wirkt stark und gesund, was auch die grünenden Reiser betonen. Der Konflikt, den man vermuten muß, liegt nicht in mangelnder Lebenskraft. Von der sanften Glätte des Stammes hebt sich die extrem spitzige Bruchstelle ab, die überdies durch die einzige Schwärzung des Bildes betont ist. Vielleicht ist es kein Zufall, daß an der linken, in-

♂ 16;11

troversen Seite des Stammes das Holz offenbar am «bruchsichersten» war: das wird durch die unproblematisch-lichte Behandlung der linken Stammseite erhärtet.
Die Strichbehandlung ist differenziert, feinfühlig, ausdrucksstark. Der lockere Pendelstrich der Bodenfläche, durchweg tonig im Charakter, deutet den Rahmen an. Hierbei ist zu bemerken, daß die Grundfläche (wie ja auch der Stamm) perspektivisch gesehen wird, was auf emotionale altersangemessene Reifung hinweist. Auch der Baumstamm, besser: der Baumstumpf, wird in tonigem Strichcharakter schattiert – ein unübersehbarer Ausdruck emotionaler Wärme und Differenzierung. Daß die ausdrucksvolle Variante zur rechten Seite hin ganz ohne Kontur (und somit der Umweltkontakt ohne rationale Kontrolle) ist, dürfte ein zentrales Symptom für die Problematik des Zeichners sein: Die Intensität der emotionalen Umweltbeziehung wird nicht angemessen bewußt. Damit fehlt aber auch der Ansatzpunkt für eine personale Steuerung seines Gefühlserlebens.
Die Baumzeichnung bürdet uns Fragen auf, zu deren Beantwortung wir uns nur schrittweise vortasten können. Die durchweg sanfte, dabei aber sensibel-differenzierte Gestaltung und Strichbehandlung läßt auf einen weichen, emotional ansprechbaren Menschen schließen, der seine Liebe der unmittelbaren Umwelt – der Familie vermutlich – schenkt. Der tonige Strich läßt seine sinnenhafte Eindrucksfähigkeit erkennen. Der Zeichner scheint nicht mehr in einer echten Verwurzelung zu leben, er kann sich aber auch nicht bewußt aus seiner Umwelt lösen. So kann man auf ein mangelndes Geborgenheitserlebnis schließen,

ohne die Fähigkeit, sich eine neue eigene Welt zu schaffen. *Die Handschrift war warm, intelligent, altersangemessen, aber ganz ohne «eigene Achse», ganz und gar Gefühl und Neigung ausdrückend. Im Wartegg-Zeichentest wird das Ich-Zeichen (1) perspektivisch gezeichnet und mit dem Wort «Schacht» kommentiert. – Lebt bei den Eltern; eine Schwester. Weitere Daten sind nicht bekannt.*

XLIX

Ist der Baum stark? Oder soll er stark scheinen? Warum bedarf es der scharfen Abgrenzung, die nicht nur Stamm und Wurzeln, sondern auch den Grund abschließen, auf dem er steht? Fest und fast trotzig steht der Baum im Zeichenraum, etwas nach links gerückt, aber noch ganz in der Mitte des Blattes. Der Stamm ist an der rechten Seite der Basis etwas eingedrückt, wie überhaupt die rechte Seite problematisch ist: Die Wurzel greift hier breit und doch verschwommen aus, zur Bodenlinie hin gibt es eine fixierende Schwärzung, die ein Umweltproblem anzeigt. Die Wurzeln sind betont, dabei verkrampft gezeichnet: Das Problem der Geborgenheit ist aktuell, vermutlich sogar quälend. – Über dem schmaler werdenden Ansatz erhebt sich der Stamm, stabil, und doch nicht unbefangen-stark. Die Mitte läßt eine weitere Verengung erkennen, die wieder an der rechten Seite liegt. Darüber ist eine «Wunde», durch fixierende Schwärzung als Problem gekennzeichnet. Der Stamm ist betont mit scharf-hartem Strich konturiert und grenzt schroff von der Umwelt ab. Die Fläche ist gerauht und betont damit das Problem sozialer Kontakte. Auch ein Loch in der Mitte der Fläche weist auf eine Störung hin. – Locker und warm setzt die Krone an, um sich dann, zu Kugelform verdichtet, abzuschließen. Hierdurch legt sich eine emotionale Unzugänglichkeit des Zeichners nahe. Der Kronenrand dagegen wird lockerer, Eindrücke werden aufgenommen. Das Thema «Baumkrone» als Symbol der Emotionalität erhält

durch die scharf umrandeten Blätter Bedeutung: Durch die Kontaktstörung könnte sich das Bindungsbedürfnis stauen. Der Strichcharakter des Scharfen bis Scharf-Harten beherrscht das Bild. Zwei fließende Linien verlaufen vom Kronenansatz links und rechts nach unten, um den Hügel zu bilden und zu konturieren, auf dem der Baum einsam steht. Isolierung und Alleinsein als Deutung des «Hügels» trifft hier zu. Und auch diese Isolierung ist betont! Im Hintergrund ist Landschaft, oben Sonne, noch einmal Ausdruck der Gefühlsbetontheit des Zeichners.

Die Diskrepanz von seelischer Wärme und Intensität des Erlebens einerseits, Isolierung, emotionalem Stau, Selbstabschließung und Problemen der Sozialisierung andererseits liegt auf der Hand. Bei diesem Zeichner dürfte die Ursache nicht in der Eigenart der Anlage liegen, sondern durch die Umwelt begründet sein. Er muß nicht eigene Konflikte und Empfindsamkeiten kompensieren, sondern er wehrt sich gegen Fremdes, offenbar an Schläge und Enttäuschung durch das Leben gewöhnt. Die massiv verstärkte rechte Linie, die von scharf-hartem Strich in fixierende Schwärzung übergeht, gibt die Richtung an, nach der hin der Zeichner sich wehrt. Aus Partnerschaft und Umwelt scheint zu kommen und ständig gekommen zu sein, was ihm droht: Er hat sich bereits einen Panzer zugelegt.

Die Schrift ließ eine intellektuell und menschlich reife Persönlichkeit erkennen; der Wartegg-Zeichentest ergänzte das Problem, das der Baum schon ahnen läßt: Das Zeichen für Schwere oder Problematik (4) ist als ins Dunkel führender Gang gezeichnet, «Gefängnis» benannt; das Zeichen der Dynamik (5) heißt

«Bombe» und ist mit einer solchen ausgefüllt; das Zeichen für Sensibilität (7) ist in das Rad eines Traktors eingebaut; und schließlich, dem dennoch stolzen Ausdruck des Baumes entsprechend, ist das Zeichen für Zukunft und Geborgenheit (8) zu einem Triumphbogen geworden. – Der Zeichner hat von seiner frühen Kindheit an ein ungewöhnlich schweres Schicksal gehabt mit ständigem Wechsel der engeren Umwelt, voller Ablehnungen und Demütigungen. Eltern geschieden, er lebt bei der Mutter.

L

Hier hat der Sturm gewütet und einen starken Baum zerschlagen. Doch die zerschmetterte Krone läßt noch die wuchtige Basis erkennen, die für eine Regenerierung ausreichend Kraft spenden könnte.
Der Zeichenraum wird voll genutzt, selbst um das Scheitern der Persönlichkeit durch die gebrochenen Äste auszudrücken. Der Stamm ist Mittelpunkt: das Tragende, noch immer Tragfähige, Gesunde, die Substanz, der Stoff. Die Breite wird sowohl von Wurzeln als auch von dem Kronenrest vollkommen ausgefüllt. Noch immer ragen einige Äste, wenn auch gebrochen, nach oben: Nicht nur die Kraft, auch Streben und Bereitschaft sind hier ungebrochen, bei soviel niederschmetternder Verletzung, nur durch die Intensität des Interesses und die Vitalität der Basis des Zeichners zu erklären. Der Baum ist in seiner Krone zertrümmert, aber er behauptet sich im Zeichenraum. Der Ansatz des Stammes ist breit, lädt aus, wächst organisch aus dem Erdreich, das die kraftvollen Wurzeln erkennen läßt. Wenn diese etwas gierig nach Halt suchen, so ist das nicht verwunderlich: Das Kind hat nie gewußt, wo es zu Hause ist. Trotzdem «wächst» der Stamm; und er «stemmt» eine Baumkrone, die es gar nicht mehr gibt.
Der Kronenansatz ist diffus überzeichnet, z.T. fixierend geschwärzt. Die Entfaltung der Emotionalität ist wohl durch ständige Zurückweisungen, Frustrierungen, Enttäuschungen kontinuierlich zurückgeschlagen worden. Die Äste drängen mehr, als sie wachsen: vor allem nach oben (Symbol des Wertstrebens) und nach rechts zur Umwelt

hin. Doch wie erschütternd: Gerade hier am rechten Kronenrand hängt das Gezweig wie abgeschlagen herunter. Die linke, introverse Seite ist vernachlässigt; sie hat sich wohl nie recht entfalten können. Im oberen Kronenraum sind nicht nur Zweige, sondern ganze Äste umgebrochen: Hier hat das Streben radikalen Schiffbruch erlitten. Der Strichcharakter der Grundzeichnung ist fest bis festdeftig, er läßt auf große Heftigkeit und vehementen Willen schließen. Die Holzteile des Baumes sind durchweg schattiert und sprechen von der emotionalen Wärme des Zeichners. Fixierende Schwärzungen, auf Konflikte hinweisend, finden wir im Mittelpunkt des Baumes, dem Zentrum der Persönlichkeitsentfaltung, und ebenso am rechten Rand der Krone: Hier mag es neuerliche Zurückweisungen und Enttäuschungen gegeben haben.
Die drastische Betonung dieser Zeichnung könnte den Diagnostiker in Versuchung führen, eine darstellende Dramatisierung, eine leitbildliche Kompensation zu vermuten. Vergleichen wir jedoch mit Baum XXI, so sehen wir, wie durch und durch echt hier alles ist: Dem Lebensdrama wird nicht ausgewichen.

Die Handschrift ließ eine hohe Intelligenz und ganz ungewöhnliches, opferbereites Streben erkennen. Der WZT nahm die gefühlsbezogenen Zeichen 2, 7 und 8 durch sanfte Schattierung und Stimmungslösungen auf. Das Zeichen 1 (Ich-Problematik) wird mit fixierender Schwärzung als fernes Tor dargestellt, das Ziel und Zeichen der Geborgenheit (8) als «Sonnenuntergang». Das Schwerezeichen und «Problem» (4) ist perspektivisch als «langer Gang» konzipiert, im Vordergrund ein Mann, der aus dem Dunkel kommt. – Vollwaise, aus gebildetem Bürgertum, die El-

tern lebten vor ihrem Tode getrennt. Der Zeichner und seine vielen Geschwister wurden wechselweise verteilt. Sein Berufsziel, mehr Passion als Broterwerb, ist, Arzt zu werden. Durch die ungeklärte finanzielle Situation besteht für die Ausbildung kaum eine Hoffnung und überdies wenig Verständnis. – Guter Schüler, aber Kontaktschwierigkeiten durch gestaute und disharmonische Emotionalität.

LI

Trotz differenzierender Ausfaltung von Ästen und Zweigen meinen wir, einen abgestorbenen Baum vor uns zu haben. Während der untere Teil des Raumes bis zu einem guten Viertel leer bleibt, drängt sich der Baum im oberen Viertel an beide Seitenränder und an den oberen Blattrand. Die Verknappung der Zeichnung geht auf Kosten des unteren, tragenden Stammes – die Wurzel fehlt ganz –, denn der Kronenansatz, das «Herz», ist ausgewogen in der Mitte des Blattes.
Wenn man den Stammansatz abdeckt, so könnte man einen normal proportionierten Baum erwarten. Der untere Teil des Stammes dagegen läßt kein Wachstum im Erdreich, keinen Wurzelansatz sehen. Fast möchte man an eine Bruchstelle denken: Die Thematik von Basis und Verwurzelung fehlt nicht, sie ist als empfindliche Leerstelle dargestellt. Trotzdem schwingt der Baum sanft aufwärts, die konturierenden Linien sind nicht starr in der Führung. Auffällig jedoch ist der schon hier einsetzende scharf-harte Strichcharakter, der in der gesamten Zeichnung dominiert. Die Strichführung ist abgesetzt. Nach rechts bildet der Kronenansatz einen stumpfen Winkel, links trifft sich das Ende des Stammes nicht mit dem Astansatz. Festdeftiger Strich betont die sonst tonig schattierten Flächen des Stammes.
Drei Äste gabeln sich aus, von denen der linke organisch ansetzt, wogegen der mittlere und rechte übergangslos aus dem Stamm weiterlaufen. Diese beiden Äste nun lassen auf

♀ 18;11

einen Konflikt im Bereich des emotionalen Umweltbezuges schließen, denn hier finden sich Störsymptome verstärkt: Zumal der spitze Winkel zwischen den rechten Astansätzen zeigt die konfliktaufweisende fixierende Schwärzung, wobei zusätzlich die Schärfe des fast geometrischen Winkels betont ist.

Der linke Ast beginnt dick und geschwollen und wird erst vor der Auszweigung etwas schlanker. Mit jeweils einem Querstrich ist jeder Ansatz eines Astbündels abgeschnürt. Der Strich ist durchweg fest-deftig, nervös abgesetzt ins Scharf-Harte hinüberspielend. Die Häufung von aktuellen Bewußtseinsmerkmalen wie Strichabsetzungen, aufwärtsstrebender Richtung der Äste und zum Teil linearer Führung (am unteren Teil des Astes) wird ergänzt durch kompensatorischen Einsatz aggressiver Motorik, wie der heftige Druck verrät, der den fest-deftigen Strich ergänzt. Daß er sogar an der linken Seite des Baumes überwiegend zu finden ist, läßt ein Überspielen der seelischen Rezeptivität und der Emotionalität erkennen. Die Zweige am linken Ast münden überdies in Winkelformen, Hinweise auf rationale Momente. Sie werden sich rechts und vor allem im oberen Bereich der Krone wiederholen. An den letzten linken Zweig-Enden finden wir spitzige Endungen, die wie Messer wirken. Sie pflegen an diesen der Introversion zuzuordnenden Stellen auf Selbstvorwürfe, selbstquälerische Minderwertigkeitsgefühle und Selbstkritik hinzuweisen. Besonders auffallend sind jedoch die zwar scharf und klar konturierten, aber durchweg röhrenartig offenen Zweig-Enden. Man kann also sagen, der Baum ist in allen seinen Richtungen, sei es zur Erde, sei es zum Luftraum hin, offen für Einfälle und Schädigungen. Überdies sind Röhrenenden ein Symptom für Ratlosigkeit und Ziellosigkeit: Man hört wahllos auf jeden und folgt keinem eigenen Entschluß. Die röhrenartigen Endungen sind mit scharfem Strich nachgezeichnet, zum Teil durch fixierende Schwärzung als Konfliktsymptome betont. Dies hat an jedem der drei Äste seine je eigene Bedeutung. Am linken reckt sich der gesamte Teil bis zur Verzweigung dranghaft nach oben und drückt ein etwas verkrampftes und durch Ratlosigkeit und richtungslose Selbstkritik belastetes Streben aus. Der mittlere Ast bildet zuerst einmal eine zweite Kronenmitte; wieder durch eine Verdickung, fast einen Kropf, auf Entwicklungsstagnation hinweisend, gabeln sich dann Zweige aus, die sämtliche drängend nach oben streben. Die Abzweigung ist jeweils durch scharfe Betonung des Winkels zwischen den Gabeln hervorgehoben. Die Zweige teilen sich nochmals und diese wiederum, eher den Eindruck der Irritierung als der Differenzierung erweckend, da alles doch nur immer wieder sprießen will. Die Außenfläche wirkt verkrustet, sie atmet nicht, und läßt kein Leben vermuten; ein Eindruck, der durch sowohl gestückelten als auch zugleich scharf-harten bis fest-deftigen Strich hervorgerufen wird; eine recht seltene Kombination, die auf Nervosität, Unsicherheit und verspannte Kompensationsversuche hinweist. Bei dem völligen Fehlen der instinktiven Verwurzelung ist dies eine starke Belastung für das Gemüt als Persönlichkeitszentrum, das wohl «guten Willen» aufbringt, jedoch ohne Wertorientierung bleibt. Der obere Zweig überbordet die Blattgrenze; an den linken Zweiglein finden sich gleich zwei ausgeprägte, mit festen Strichen nachgezogene Winkelformen; Versuch der Rationalisierung, wo das spontane Erleben versagt. Der rechte Ast schließlich hat eine ausgesprochen aktive Strebensrichtung nach rechts oben, was bei der Hilflosigkeit des Gesamtausdrucks besonders trostlos-ergreifend wirkt. So ist denn auch das ganz nach rechts weisende, das zum Partner gewandte Zweig-Ende abrupt weggebrochen.

Während der linke Ast in seiner Fläche keine Färbung zeigt und der mittlere durch zarten tonigen Strich leicht schattiert ist, hat die Zeichnerin den rechten Ast ebenso wie den Stamm durch feste, diagonal verlaufende Striche gedunkelt. Das bringt deutlich die Schwierigkeit in der Sozialisierung zum Ausdruck, während die Brüchigkeit in der Krone die Bindungsunfähigkeit des Mädchens verrät.

Ergebnisse von Handschrift und Zeichentest: Recht gut begabtes Mädchen mit Neigung zu Selbstüberforderung und Leistungszwang; starke emotionale Bedürfnisse bei seelischer Hemmung und mangelnder Entfaltung. – Oberschülerin, Familienverhältnisse unbekannt.

LII

Mit sanftem Schwung strebt der Stamm in die Höhe und gabelt sich in zwei belaubte Äste aus. Die Schlankheit des Stammes und die feine Fiederung der Blätter lassen den Eindruck der Frische und Differenzierung entstehen. Der Baum wirkt feingliederig und doch zäh.
Für eine 13jährige ist es ungewöhnlich, wenn der Stamm des Baumes so hoch im Bild ansetzt und die Krone bis an den Blattrand ragt. Der Baum steht links im Bild, und dies sogar recht ausdrücklich: Das seiner Natur nach eher scheue Mädchen mag sich wohl nicht ungern in sich selbst zurückziehen. Der weit nach rechts ausladende Ast läßt vermuten, daß sie weltbezogene Bindungen und Interessen entwickelt hat. – Die Mitte des Blattes ist durch eine horizontale Linie geteilt, der wir jedoch nicht zu viel Bedeutung beimessen sollten; sie ist mit sicherem, dabei sanft aufgesetztem tonigen Strich gezeichnet und zeigt den oberen Rand der Mauer an.
Der Stamm des Baumes setzt auf einem kleinen Hügel an und schwingt sich im leichten Bogen zuerst nach rechts. Hier ist die rechte Kontur betont, die eine Ergänzung des nach links gerückten Baumes bildet: Das in sich Stehende soll an der Basis nach außen hin durch Rationalisierung abgeschirmt werden. In der zweiten Hälfte des Stammes gibt es eine an- und abschwellende Verdickung, die sich an den Ästen wiederholt: ein Entwicklungsstau, der bei der altersmäßigen Überforderung des Kindes nicht verwunderlich ist. Der sonst gesunde Baum läßt hoffen, daß sie sich «auswachsen» wird.

♀ 13;3

Vor dem Kronenansatz geht der Stamm in einen bemerkenswert schlanken Hals über, um dann in zwei große Äste auszugabeln. Jeder der Äste bildet wiederum drei Zweige, die sich nur wenig verdünnen. Für das Alter des Mädchens sind sowohl Ansatz der Äste als auch der Zweige gut und lebendig konzipiert. Das noch fragile Tragvermögen der früh entfalteten emotionalen Beziehungen mag durch den zarten Ansatz unter der Baumkrone angedeutet sein.
Die Zweige laufen an den Enden spitz zu, zeigen aber keine Schärfen. An den äußeren linken Zweigen sind Brüche ohne Betonung angedeutet. Sie könnten auf den mangelnden Entfaltungsspielraum des seelischen Erlebens hinweisen, der dem pflichtenbeladenen Kinde geblieben ist.
Zu beachten ist die Mauer, die Schutz und Geborgenheit darstellen kann, aber auch Grenze und Verbauung. Es ist keine Frage, daß die familiäre Umwelt für das Kind bei guter Familienatmosphäre beides zugleich bedeuten muß.
Ein Signal ist der am meisten betonte Teil der Zeichnung, der Pfahl, der den Baum stützt. Schon durch seine starre Gerade hebt er sich von dem lebendig schwingenden Baum ab als «Rationalisierung» und «Norm». Er wird jedoch vor allem durch die Dunkelung betont, mit der er gezeichnet ist.
Das Zentrum des Bildes ist eindeutig der Ring, welcher Baumstamm und stützenden Stab verbindet. Er wirkt nicht nur durch seine starre Rundung zentral, sondern vor allem durch die fixierende Schwärzung, mit der er auf einen Konflikt verweist.
Betrachten wir noch das Blattwerk an der Baumkrone. Im Ganzen wirkt es aufgelockert und zierlich; jedes Blatt ist

bei aller Zartheit der Zeichnung in sich dicht und warm. Bei der Gleichgültigkeit, mit der die Zweige z. T. nur angedeutet wurden, ist die liebevolle Ausführung des Laubes bemerkenswert. Ein Vergleich von mehreren Blättern bestätigt, daß hier ein Spezifikum des Lebens erfaßt worden ist: Sie alle folgen einem Gestaltgesetz, aber keines ist genau wie das andere.
Der Strichcharakter der Zeichnung ist fast durchweg zart und an den Blättern tonig. Nur der Pfahl ist gedunkelt und der Ring fixierend geschwärzt.

Zweites Kind einer kultivierten Familie mit vielen beruflich bedingten Verpflichtungen. Älterer Bruder. Durch das Leben in fremdem Erdteil ist das «Angebundensein» ein Faktum ihres Lebens, und zwar in mehrfachem Sinne: strenge Bewachung des Kindes; korrekteste Erziehung in konservativem Stil; viele aus den Umständen erwachsende «Neins» für das lebhaft nach Entfaltung drängende Mädchen.

XLIII

Stark, aber explosiv wirkt dieser Baum, der den ganzen Zeichenraum ausfüllt und den linken Rand sogar etwas überschneidet. Er strahlt nicht die Ruhe der Natur aus, sondern eine Spannung, die von den Endpunkten des Stammes sowohl zur Krone hin als auch zur Wurzel verläuft.
Die Stellung des Baumes im Raum ist altersgemäß normal: Er ist etwas nach links und ein wenig nach oben gerückt. Auffällig ist die Betonung der waagerechten Linie, die den Horizont bilden soll.
Der Entfaltungspunkt von Stamm und Wurzel ist stark, expansiv. Das Verwurzelungserlebnis zusammen mit dem ebenso extensiven Entfaltungsdrang dürften die Spannung erhöhen oder sogar verursachen. Die Wurzeln strecken sich weit aus und greifen schräg nach unten fest in die Erde. – Der Ansatz des Stammes ist organisch und stark. Der Stamm ist breit und stabil, der ausgreifenden Wurzel sowie der weit ausladenden Krone angemessen. Nach oben hin verjüngt sich der Stamm, er zeigt am oberen Ende unter dem Kronenansatz einige Narben. Trotz der stämmigen Form ist die Strichführung abgesetzt und eher unsicher, auch in der Andeutung der Aufrauhung an der linken Stammseite, die überdies durch eine etwas schärfere Konturierung betont ist. Hier wird nach Unsicherheit in sozialen Kontakten zu fragen sein.
Die Krone fällt auf durch das nicht direkt eingezeichnete, implizit aber starke Verhältnis von Mitte und Außen. Das Laubwerk verdeckt einen schwach mitgegebenen Knotenansatz der Krone; die beiden äußeren Äste wirken etwas

♂ 16;9

aufgesetzt, der Ansatz der übrigen bleibt durch einen Leerraum unformuliert. Unter dem Laubwerk entdeckt man strahlenförmig nach außen drängende Äste, deren sich ausgliedernde Zweige unter dem dichten Laub nur angedeutet sind. Die Blätter sind als kleine, unabgeschlossene und wirre Kreise gezeichnet, zum Teil mit scharfem Strich heftig hingesetzt. So wird auch der äußere Rand der Krone von Haken und Spiralen gebildet. Während die expansiv nach außen drängenden Äste die affektive und triebhaft-drängende Natur des Zeichners audrücken, fehlen die Anzeichen für subtilere Gefühle und rationale Kontrolle im Baum.
Der offensichtliche Konflikt wird durch die massiv gezeichnete Horizontale noch betont.

Die Handschrift ließ hohe Intelligenz und überdurchschnittliche Vitalität bei (vielleicht altersbedingter) extremer sexueller Triebhaftigkeit erkennen. Im Wartegg-Zeichentest waren alle Felder mit fest-deftigem Strich ausgefüllt, die «Zeichen» waren angemessen aufgenommen; die Art der Antworten auf die Anmutungscharaktere jedoch ließen auf Infantilität der Persönlichkeit schließen. – Stark und gutartig angelegter Junge, der den Eltern aus den Händen geglitten ist. Rauschgift (Handel, nicht Einnahme von Drogen) und Sex sind die Inhalte seines Interesses, und die Schule übergeht er gelangweilt.

LIV

Massiv und fast etwas breitspurig behauptet der Baum seinen Platz im Raum. In der Widersprüchlichkeit seiner Aussage gibt er Rätsel auf.
Der Raum ist ausgefüllt, ohne überschritten zu werden. Deutlich fehlt es oben und rechts außen – also im Bereich der geistigen und umweltbezogenen Entfaltung – an Spielraum. Die Proportionen sind jedoch nicht unausgewogen, denn der massive Stamm wird durch die herauswachsenden Reiser in die Krone einbezogen und optisch aufgelockert.
Der Ansatz des Stammes ist breit und etwas zu massiv, um nicht kompensatorisch zu wirken. Dies wird durch die Wurzelandeutung noch betont. Sie stützt den Baum eher, als daß sie ihn verankert.
Der Stamm wird nach oben hin nur wenig schmaler; die Breite wird jedoch durch die Schattierung der Fläche mit tonigen, rhythmisch schwingenden Strichen gemildert. Die Konturen des Stammes sind zügig und unabgesetzt gezeichnet, mit warmem, ebenfalls tonigem Strich. Der Stamm wirkt gesund, stabil, ruhig, ausgewogen.
Der Baumstamm gabelt sich am oberen Ende in zwei Äste, von denen der linke diagonal – stämmig und gesund – direkt in die obere Ecke führt. Die Problematik aber deutet der rechte, nach «außen», auf Partner und Umwelt weisende Ast an. Kurz nach dem Ansatz gabelt er sich und entläßt aus seiner Mitte noch einen kräftig wachsenden Zweig. Dann ragt ein Astteil steil nach oben, mit einer wulstigen Verdickung auf einen vermutlichen Entfaltungsstau der Persönlichkeit im Bereich des Geistigen oder Intellektuel-

len hinweisend. Sein oberes Ende ist überdies abgebrochen: Die Zacken sind fixierend geschwärzt, es gibt vermutlich ein Problem in der Strebensthematik. Der rechte Astteil dagegen schwingt ebenmäßig nach außen, um an der Spitze zwei Zweige zu bilden. Die eine der Spitzen aber ist geknickt und hängt «resigniert» nach unten: Welche Kontaktbemühung und -hoffnung mag hier enttäuscht worden sein?
Verletzung oben und Knickung vorn rechts stehen in merkwürdigem Widerspruch zu dem unermüdlich austreibenden, «grünenden» Baum, der ganz und gar, sogar am Stamm, mit Zweigen und Blättern besetzt ist. Die positive Bedeutung der grünenden Ruten am Stamm wird durch die gesunde Qualität der Zeichnung verstärkt: Ebenmaß der Anordnung, sanfte Schwingung der Ruten, ungestörter Strich.

Der obere Ast weist auf die gebrochene intellektuelle Entwicklung hin, der rechte geknickte Zweig dürfte die durch häufigen Lehrerwechsel – hier neun in einem Jahr! – ständig wieder abreißende emotionale Bindung zur Ursache haben, die ein Kind in der Grundschule zu seinen Lehrern zu knüpfen pflegt. – Einzelkind eines Handwerkers in «Entwicklungsgebiet» mit schulischen Mängeln. Der Junge hatte in dem vor Zeitpunkt der Zeichnung abgelaufenen Schuljahr neun Lehrerinnen; die Eltern können den intelligenten und interessierten Jungen wenig fördern.

LV

Der lebendige, sanft gedunkelte Baum strömt Ruhe und Wärme aus. Um so mehr fällt die unnatürlich abgeflachte Krone auf, um so bedenklicher erscheinen uns die betonten Narben am Stamm.

Mit einem sensiblen Gespür für den Raum stellt das Mädchen seinen Baum kräftig und ausladend in das Zeichenblatt, den Fuß breit, nur wenig über dem Blattrand, auf einem perspektivisch gesehenen Grund ansetzend: ein Hinweis auf Reifung. Im Hintergrund ist leicht angedeutet Landschaft zu sehen, die das Atmosphärische des Erlebens betont. Die ausladende Krone nimmt die horizontale Richtung auf. Um so auffälliger ist das leer gelassene obere Drittel dieses so sorgsam beachteten Zeichenraumes. Ebenso fällt auf, daß der Baum bei der Reife seiner Gestaltung nicht altersgemäß höher im Blatt steht.

Die Breite des Fußes und die ausgreifenden Wurzeln sind mit dem Erdreich verbunden; der Ansatz ist durch nachdrücklich gezeichnete Konturen links und rechts betont. Diese ausdrückliche «Basis» wird einem Bedürfnis nach Verwurzelung, nach Geborgenheit entsprechen, das für die Zeichnerin im Vordergrund steht. Die Wärme des Striches, die auf Gemüt und Kontaktbedürfnis hinweist, bestärkt diese Deutung. – Der breite Stamm verjüngt sich bald nach oben, er wird zur Mitte hin fast grazil und bildet einen zarten Hals unter dem Kronenansatz, der organisch gewachsene Äste entläßt. Ganz wenig noch spürt man den Knotenansatz, der Konflikte der Persönlichkeitsentfaltung anzudeuten pflegt. Auch die Äste sind zart, sie münden in

♀ 16;4

feine Zweige, die das Blattwerk tragen. Unter den Ästen fällt der erste rechts am Stamm auf: er biegt unmittelbar nach links, zur Seite der Introversion, um hier den unteren Teil des Kronenbereiches mit Laubwerk zu füllen. Es ist also eine Abkehr nicht nur von oben, sondern auch von rechts zu spüren: von der Umwelt weg, zum eigenen Erleben hin.

Äste und Zweige verraten nun innerhalb des Blattwerks der Krone eine Fülle von Schwierigkeiten, die der warme und in sich ruhende Baum nicht so unmittelbar erkennen ließ. Die Äste schwingen nicht gelassen und sanft zum Ende hin aus, sondern sie münden, bei meist gesunden und schlanken Ansätzen am Stamm, in ein verwachsenes und verbogenes Gezweig, das überdies oft forciert gezeichnet wird. – Erstaunlicher noch ist aber das Gewirr des kleineren Gezweigs innerhalb der Krone, das trockene Gehölz, verwachsene Zweige oder gar dolchartige Zweig-Enden sehen läßt. Das für die Diagnose Wichtigste ist aber die abgeflachte Form der Krone selbst. Ihre ausladende Breite läßt auf eine emotional warme und kontaktfähige Persönlichkeit schließen. Die Gestaltung der Krone weist auf einen differenzierten Menschen hin. Warum «strebt» der Baum dieser 16jährigen nicht nach oben? Man meint sogar den Druck zu spüren, der auf der Krone lastet. Hinweise geben Einzelsymbole: Zwei nicht verheilte Wunden an den beiden Seiten des Stammes, fixiert und geschwärzt, lassen unverarbeitete Erlebnisse vermuten. Den übrigen Kontext müssen die Fakten des Lebens liefern.

Wie immer bietet auch hier die Strichanalyse eine bereichernde Verfeinerung der Diagnostik. Überwiegend ist der

Strichcharakter tonig, auf sensuelle Ansprechbarkeit weisend, dabei dunkel, was die emotionale Wärme der Zeichnerin betont. Der Baumfuß ist durch Konturierung mit fest-deftigem Strich betont. Die Landschaft im Hintergrund ist in sehr weichem, hell tonigem Strich gehalten.
Großbürgerliche Familie, mehrere Geschwister. Die natürliche Wärme und die menschliche Unmittelbarkeit der Zeichnerin wird von der intellektuellen Familie als «Unbedarftheit» abqualifiziert. Sie erlebt die als Wertmaßstab anerkannte Familienmeinung als ständigen Druck und kann sich nicht entfalten.

ANWENDUNGSGEBIETE DES BAUM-TESTS

Der Baum-Test bei 3- bis 6jährigen

Wie jede dingliche Darstellung des Kleinkindes geht auch die Baumzeichnung aus der Kritzelei hervor. Zwei Elemente gehören dazu, ein Produkt als «Baum» annehmen zu können, wir müssen einen Stamm und eine Krone unterscheiden. Diese können natürlich auch durch Äste oder durch Zweige ersetzt werden, und wenn ein Kind die Zweige in Form von Kügelchen ansetzt, was gelegentlich vorkommt, so nehmen wir das an. Es hebt sich vom Baumstamm ab. Bei Dreijährigen ist ein Erkennen der Baumgestalt noch recht selten, es sei denn, das Kind hat schon das Zeichnen geübt. Und hier stellt sich nun überhaupt ein Problem! Die sozialen Voraussetzungen, schließlich auch eine gewisse Zeichenbegabung und vor allem der Zustand des Kindes üben starke Einflüsse auf den jeweils auf dem Papier entstehenden Baum aus. Wir können ihn daher nicht als Reifetest verwenden.
Sehr große Mengen von Tests aus jeweils einer Altersstufe geben uns doch aber interessante Aufschlüsse über das Seelenleben des Vorschulkindes generell, immer wieder jedoch auch individuell. Bald zeichnen sich Grundtypen ab, und wir erhalten Einblick in gewisse Gesetzmäßigkeiten, deren Kenntnis uns später sogar bei Jugendlichen und Großjährigen hilfreich sein können. Ich denke nur an die Baumzeichnungen von jugendlichen Kriminellen, die gelegentlich ausgesprochen juvenile Züge trugen. Ein Beispiel aus meiner Forschung in Justizvollzugsanstalten sei das Lie-

bespärchen, das die Oma erwürgte, um für die Reise zu etwas Geld zu kommen. Das Gespräch mit den beiden Tätern, die naturgemäß in unterschiedlichen Anstalten in Haft waren, entsprach dem Eindruck des Baumes. Sie reagierten wie Kinder.

Um einen Eindruck vom Typischen zu geben, habe ich einige hundert Baumzeichnungen aus Kindergärten untersucht und gewisse Gesetzmäßigkeiten herausgestellt, um diese repräsentativ an Beispielen darzustellen. Ich habe hierfür die Altersgruppen der 4jährigen, der 5jährigen und der 6jährigen gewählt.

Zwei Tests von 3jährigen seien vorangestellt.

Bild 1 stammt von einem 3;8jährigen Mädchen und läßt erkennen, von welcher rudimentären Form an wir von einem «gelungenen» Test sprechen können. Das Kind hat gut den Stamm angesetzt und die Krone daraufgefügt, es ist eindeutig ein Baum!

▲ Bild 1 (♀ 3;8)
▼ Bild 2 (♀ 3;9)

Bild 2. Das fast gleichaltrige Mädchen malt als Stamm einen tragfähigen Block und fügt in einem kühnen Schwung, die Linie ist nur einmal abgesetzt, eine Krone darauf. Das ist schon eine beachtliche Leistung. Der Strich ist zart, stabil und elastisch, und die Markierung am Fuß der Krone soll wohl den in diesem Alter typischen Kronenansatz andeuten.

Bei den 4jährigen setzen zwei generelle Grundtypen ein. Einmal ist es ein flächiger Baum mit Volumen, das andere Mal ist es ein Strich, ein Doppelstrich, eine Stange oder Röhre. Ich möchte sie den Pilz-Typ (Bild 3) nennen und den Stil-Typ (Bild 4). Sie werden sich in vielen Varianten wiederholen.

Bild 3 setzt nicht auf dem Blattrand auf, sondern steht frei im Raum, hat aber einen «Boden». Die Kontur ist in einem Zuge geführt und findet fast ohne Nahtstelle den Anfang wieder. Der Strich ist scharf und ganz ungestört.

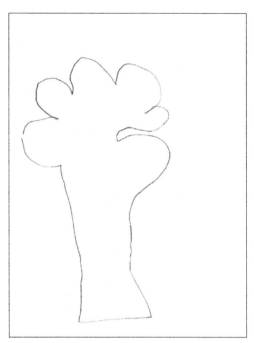

▲ Bild 3 (♂ 4;10)
▼ Bild 4 (♂ 4;11)

Bild 4 soll in der Gestaltungssprache des Kindes «Baumstamm mit Ästen» darstellen. Er würde in der Tradition unter die Gruppe des T-Stammes fallen, hier jedoch ist die Dimension der Ausdehnung zusätzlich bemerkenswert. Er reicht vom unteren Blattrand bis zum oberen. (Es sei vorweggenommen, daß wir ihn auch bei geistig Behinderten wiederfinden, was uns an eine Retardierung denken läßt.) Auch hier ist die Linie in einem Zuge und sicher ausgeführt worden.

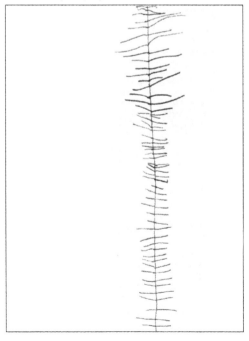

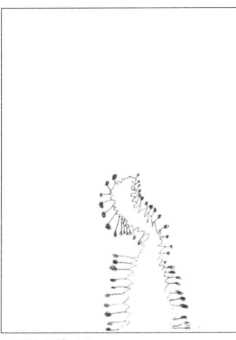

▲ Bild 5 (♀ 4;8)
▼ Bild 6 (♀ 4;8)

Bild 5. Mit 4 Jahren setzt aber auch schon eine differenziertere Sicht des Baumes ein. Es gibt drei und vier Gestaltelemente, die zusammengefügt werden. Auch hier dienen Beispiele mehr als Beschreibungen. Hier fügt ein Mädchen an ein zierlich gebautes Gewächs, «ihren» Baum, sorgsam Zweige und Blätter an. Beachtlich ist hierbei, daß das Kind schon bei der Zeichnung des Stammes die Ansatzstellen für die Zweige beachten und anfügen mußte. Auch die Kontur der Baumgestalt ist vorzüglich aus einem Guß gelungen. Der Stamm setzt noch direkt am Blattrand an, es ist die frühkindliche Lösung, die der feinspürigen Ausführung des Gewächses eine zusätzliche Bedeutung gibt. Der Strich von Baumstamm und Stielen ist zart, der der Blätter dagegen warm getönt, was wohl die Farbe ersetzen soll.

Bild 6. Vielseitig und originell ist der Baum des 4jährigen Mädchens, das am Stamm Äste anfügt und eine Baumkrone aufsetzt. Auch an der Krone wächst noch ein Ast, und deutlich sind in der Kronenhaut die Biegungen der typischen Lockenkrone zu erkennen. Neu ist jetzt, daß der Baum einen Fuß hat, nicht mehr am Blattrand ansetzt und überdies einen Boden bekommen hat. Der Strich der Konturen ist scharf, er setzt mehrfach ab. Die Krone ist kräftig gedunkelt; auch hier soll wohl die Farbe ersetzt werden.

Bild 7. Es dürfte schwer sein, ein besseres Beispiel für das altersgemäß Typische einer Baumauffassung zu demonstrieren als diese Zeichnung eines 5;5jährigen. Das Bild ist gut und sicher in den Raum gesetzt. Das Kind hat es mit erstaunlicher Harmonie bewältigt. Der Zeichenstrich ist völlig ungestört und der Reichtum der gezeichneten Elemente ist beachtlich. Auch sind die Glieder des Baumes schon berücksichtigt, Stamm, Äste, Zweige, Blätter, ja sogar Wurzeln sind schon beachtet. Und fabulierend läßt das Kind einen Vogel am Stamm, der überdies schon eine Narbe trägt, picken. Aber gerade darum fällt die Eigenart des fehlenden Wachstums auf: alle Äste, Zweige, Blätter sind an der Außenhaut angebracht, sowohl am Stamm als auch an der Krone. Es ist ein Aufzählen dessen, was dazugehört.

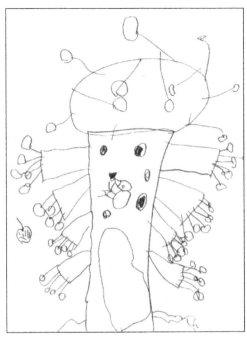

▲ Bild 7 (♂ 5;5)
▼ Bild 8 (♀ 5;4)

Bild 8. Ein weiteres Bild dieses Alters bekommen wir von einem 5;4 Jahre alten Mädchen, das mit kräftigem Strich jetzt schon einen Baum mit Ästen und Zweigen ausführt, die als solche klar zu erkennen sind. Obenauf sitzt die Baumkrone wie ein Kopf, das Ganze könnte auch eine Vogelscheuche sein. Die Baumkrone hat eine doppelte Kronenhaut, eine Rundung ist gezogen und die Lockenkrone ist draufappliziert. Innen sind Punkte gezeichnet, hier bahnt sich wohl schon das Verständnis von «Laub» an. Der Baum steht nicht mehr auf dem Blattrand, er löst sich, wenn auch etwas unsicher und ohne eigenen Boden zu haben.

Bild 9. Mit 6 Jahren werden die Gestaltungen sicherer, die Baumteile artikulierter. Selbst bei geringem zeichnerischen Können spürt man die intendierte Sicht des Zeichners genauer. Bei dieser 6jährigen ist der Stamm wuchtig, er steht noch direkt auf dem Blattrand, aber als Kompromiß ist schon ein Fuß eingezeichnet. Die Krone setzt mit einem artikulierten Lötansatz an, dann schwingt sie in Lockenmanier aus, um trotz kleiner Entgleisungen doch ein ansehnliches Bild einer Baumkrone zu bieten. Sind hier Blätter oder Früchte gemeint, die großzügig und nicht immer befestigt an der Außenseite schweben?

▲ Bild 9 (♀ 6;1)
▼ Bild 10 (♂ 6;4)

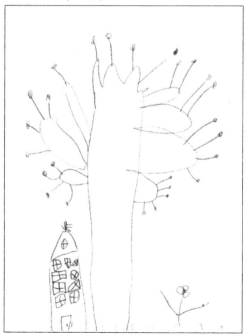

Bild 10. Kühn und wuchtig erhebt sich der Baum zu imposanter Größe. Die Äste sitzen auch hier noch am Stammaußen aufgereiht, aber dieser Baum hat schon ein Standbein angedeutet. Und die Krone schließt sich oben mit weiterem Blattansatz. Bei 6jährigen finden sich nun schon mehrgliederige Bäume. Aber das organische Wachstum bildet nicht die Struktur der Idee, sondern wieder ist es eine Addition. Bei dem 6;4jährigen sind an den «Ästen» deutlich sowohl Zweige als auch Blätter angebracht. Nur bilden sie nicht die Krone, sondern sie sind eigentlich sogar an den Stamm appliziert! Das Kind setzt den Baum am Blattrand auf, zeichnet aber zusätzlich eine zarte Bodenlinie. Gern wird in diesem Alter zusätzlich fabuliert, hier entstehen noch ein Haus und eine Blume. Der Stamm steht auf dem Blattrand.

Bild 11. Ein anderer Baum hat sehr wohl eine Krone, aber auch diese wird nicht durch Äste und Gezweig gebildet. Sie werden angefügt, zwar in unterschiedlicher Größe, aber alle haften an der Krone selbst. Blätter fallen, der Strich ist gedunkelt. Zwei Blumen sind hinzugefügt. Der Stamm hebt etwas vom Blattrand ab, zarte Wurzeln sind angedeutet.

▲ Bild 11 (♀ 6;0)
▼ Bild 12 ‚(♂ 6;0)

Bild 12. Der 6jährige Zeichner dieses Baumes hat nun in seinen stabilen Kronenbereich die Früchte eingefügt! Es sollen wohl Kirschen sein, auch Blätter wären denkbar. Neu ist, daß sie nicht außen angelötet werden, sondern «in» der Krone sind. Aber noch bildet nicht das Wachstum aus dem Stamm heraus die Krone! Der Stamm setzt am Blattrand auf, die Konturen sind klar, mit scharfem Strich geführt. Die Rinde des Baumes ist gerauht.

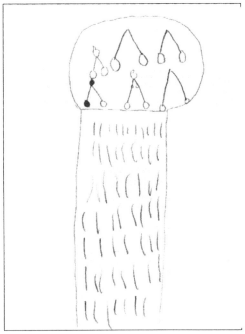

Bild 13. Hier endlich, und auch dieses Kind ist 6;–, wachsen Äste aus dem Stamm heraus. Der Lötansatz läßt offen, ob die Krone aus dem Stamm erwächst oder ob sie aufgesetzt ist. Aber die Einwurzelung des Gezweigs verteilt sich gut über den Ansatz. An den Ästen sind unmißverständlich Zweige, das «Sprossen» ist erfaßt. Das Ganze wird von einer Lockenkrone eingerahmt, besser: die Krone besteht aus Lockenkontur und hat einen Inhalt bekommen. Der Stamm hebt sich nicht vom Blattrand ab.

▲ Bild 13 (♀ 6;0)
▼ Bild 14 (♂ 6;9)

Bild 14. Jetzt endlich, bei einem 6;9 Jahre alten Zeichner, bildet das Gezweig die Baumkrone! Es gibt Äste und Zweige oder Blätter, sie entsprießen einem klar geführten Lötansatz. Der Baum hat sich vollkommen vom Blattrand gelöst, er steht mitten im Raum. Die Dunkelung soll wohl Farbe andeuten und läßt den Baum lebendig erscheinen. Der Strich ist warm und tonig. Der konturierende Strich ist scharf-hart.

Der Baum-Test im Vorschulalter gibt ein anschauliches Bild über Denken und Vorstellen des jüngeren Kindes. Es ist dabei weniger wichtig, was es in diesem Alter schon alles kann, als welche Linie der Reifung das Verstehen nimmt.
Hier überrascht zum einen, wie lange die Baumzeichnung am unteren Blattrand haftet, auch wie ausdrücklich sie im unteren Teil des Zeichenblattes zu finden ist. Überraschend ist die additive Art der Fortschritte. Der Gedanke legt sich nahe, daß nicht das Holistische im Vorstellungs-Denkprozeß des Kindes überwiegt, sondern das Simultane. Es ist eine Form des Fabulierens, aus der ein solches Nacheinander der Bilder verständlich würde. Aber auch der bekannte und beharrlich durchgehaltene Lötansatz mag hier seine Wurzel haben. Das Kind sieht beim Worte Baum nicht die Ganzheit Baum, sondern meditiert «Baum hat Stamm und Krone».
Analog hierzu mag der «Kopffüßler» in der kindlichen Menschzeichnung zu erklären sein. Auch der Sterne-Wellen-Test hat seine kindliche additive Form: in frühem Alter findet sich oft außer Sternen, die ja den Himmel bedeuten, auch noch eine Dunkelung am oberen Rand des Rahmens, die den Himmel meint.
Zum Abschluß des Themas «Kindergarten-Baum» noch ein Beispiel, in dem das oben Entwickelte angewandt wird.

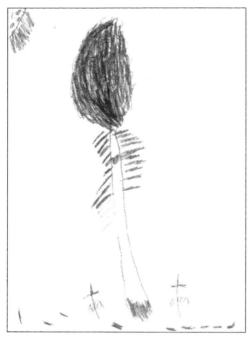

▲ Bild 15 (♀ 6;0)

Bild 15 (♀ 6;0). Der Baum läßt deutlich Stamm und Krone unterscheiden, der Lötansatz ist schon aufgehoben. Die Zeichnung hat sich vom unteren Blattrand gelöst und steht frei im Raum. Sie füllt die Richtung von unten nach oben gut aus, ohne jedoch anzustoßen. Das 6jährige Mädchen hat schon Wurzeln konzipiert, überdies sehen wir, fast wirkt es altklug, ein Astloch! Aber die Äste des Baumes sind, isoliert von der Krone, an den Stamm angefügt! Das Geäst bildet auch hier nicht die Krone, obgleich offensichtlich «Laub» gemeint ist, wenn die Kronenfläche warm gedunkelt ist – eine zarte Lockenkrone umgibt sie. Das Kind ist äußerungswillig, denn es zeichnet Blumen und gefallene Blätter hinzu, oben links im Raum scheint die Sonne. Man wird einwenden können, daß ja vielleicht unter dem Laub der Krone versteckt durchaus auch Äste und Zweige seien, die am Stamm dagegen der ja auch vorkommende «Wildwuchs». Aber der sorgsamen Schichtung der Äste sieht man eher eine systematische Zuordnung an, sie haben dort ihren «Ort».

Der Baum-Test bei geistig Behinderten

Die Interpretation des Baum-Tests besteht aus der Vergleichung des individuellen konkreten Baumes auf dem Zeichenblatt mit dem imaginativ vorgestellten Baum in einer idealtypischen Abstraktion, in der wir das «Baumhafte» erfassen. Beim kleinen Kinde manifestiert sich «Baumhaftes» häufig nur in Grundzügen. Fast immer gehört das Aufgerichtete dazu und wenn es nur ein Stab ist. Zumeist werden Stamm und Krone unterschieden, oder Stamm und Äste. Oft ist der kindliche Baum nur ein Umriß, einem Pilze ähnlich. Aber immer finden wir einen verständlichen Anhaltspunkt.

Baum-Tests von Behinderten sind so vielfältig «untypisch», daß hier nur ein Einblick in vom gesunden Baum her Verstehbares gegeben werden soll. Die abnormen Abweichungen kann man besser zuordnen, wenn man den Baum-Test im Rahmen der Testbatterie aufgenommen hat, was für die Diplomarbeit des Studienkreises Ausdruckswissenschaft von Helga Wolff und Ulrike Kohlschütter an 133 geistig Behinderten unternommen worden ist. Hierzu gehörte außer dem Baum-Test der Sterne-Wellen-Test, der Wartegg-Zeichentest und die Handschrift. Über das Ergebnis ist in *Unsere Jugend,* Heft 2/1991, S. 56 ff., berichtet worden, eine Veröffentlichung des gesamten Materials liegt noch nicht vor.

Wenn Baumzeichnungen von erwachsenen geistig Behinderten Analoga in Kinderbäumen finden, so werden wir an eine Retardierung der Persönlichkeitsentwicklung denken. Hiervon sollen drei Beispiele gezeigt werden. Das vierte Beispiel dient zugleich als Zugang zu einem weiteren und sehr wichtigen Problem in der Graphognostik. Es ist die Unterscheidung von Retardiertem und Regrediertem. Der Retardierte ist im Wachstum zurückgeblieben, der Regredierte ist, zumeist durch ein Schockerlebnis, zurückgeworfen auf eine frühe Entwicklungsstufe. Einen solchen Fall stellte ich in meinem Buch *Der Sterne-Wellen-Test,* 2. Aufl., München 1994, S. 174 ff., vor.

Es ist häufig sehr schwer, diese beiden Formen der Frühstufe im Ausdruck eines Projektionstests zu unterscheiden, und darum seien hier zwei Baumzeichnungen verglichen, die den Unterschied deutlich machen.

Bild 16 zeigt einen Baum, der alle Elemente der Kindlichkeit aufweist. Er steht unten im Blatt, setzt fast auf dem Boden auf, hat aber doch eine feine Bodenlinie, als Zusatz angebracht. Es gibt eine Kugelkrone, einen Doppelstrichstamm, das Ganze ist mit ungestörtem scharfen Strich konturiert. Die Krone enthält weder Gezweig noch Laub; darunter sind einige fallende Blätter. Trotz des tiefen Standes dieses Baumes auf dem Zeichenblatt erlebt der Zeichner doch das Ganze des Zeichenraumes. Oben am Blattrand befindet sich eine Linie, die «Himmel» andeutet, wie dies Kleinkinder häufig im Sterne-Wellen-Test den Sternzeichnungen hinzufügen. Und dann sieht man eine niedliche kleine Sonne. Das Ganze wirkt etwas spielerisch. Man würde auf ein 4- bis 5jähriges Kind als Zeichner tippen. Aber die Zeichnung stammt von einem 52jährigen Mann!

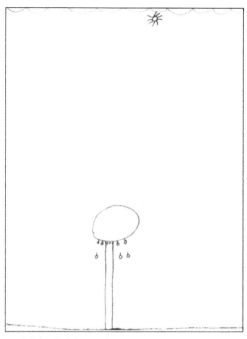

▲ Bild 16 (♂ 52;0)

▼ Bild 17 (♂ 53;0)

Bild 17. Der Vergleichsbaum steht ebenso im unteren Raum, auch er setzt mit geradem Fuß an, wenn auch sein «Boden» weit stärker gezeichnet ist. Auch hier setzt eine Kugelkrone auf, es gibt einen Lötstamm und eine Lockenkrone, auch dies ein kindliches, wenn auch nicht vergleichbares Moment. Sehr kindlich dagegen sind die Lattenäste! Aber ganz und gar unkindlich ist, daß sie nicht nur in der Krone sind, sondern die Krone erstellen. Es gibt deutlich abgesetzt Äste und Zweige, die aus dem Stamm erwachsen. Freilich ist ein Zeichen der Haltsuche, daß sie überwiegend als Rindenansatz erscheinen. Der Baumstamm ist mit zartem Strich schraffiert, die Stammkontur ist abgesetzt und weist, wie auch die Bodenlinie, auf Distanz hin. Ja, ein kindlicher Baum in manchem, ein reifer Baum in vielem. Es legt

sich nahe, hier an eine Retardierung zu denken und nicht an eine Regression. Denn die differenzierte Ausgestaltung sowie manches Reifemerkmal weisen doch auf eine schon geprägte Persönlichkeit hin, die Erlebtes integriert hatte. Der Baum stammt von einem psychisch Kranken, der geistig teilbehindert ist; ein Tumor im Kopf war operativ entfernt worden. Er hatte eine verantwortungsvolle Tätigkeit in der mittleren Beamtenlaufbahn gehabt.

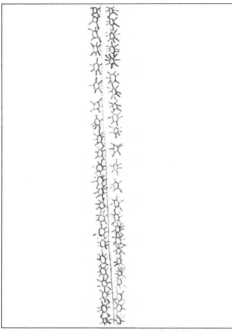

▲ Bild 18 (♂ 50;0)
▼ Bild 19 (♀ 35;0)

Bild 18. Niemand wird vermuten, daß dies auf die Bitte hin gezeichnet wurde: Zeichne einen Baum. Und doch ist es so. Eine 50jährige Frau gibt ihre Erläuterung dazu: Die vertikale Linie ist der Stamm. Die Kugeln links und rechts am Stamm sind die Äste. Und die Striche an den Kugeln sind die Zweige. Man vergleiche mit dem Baum des 4;11jährigen Bild 4! Hier ist nun eine restlose Zerlösung von Baumelementen erfolgt, die dann überdies bis zur Unkenntlichkeit verfremdet sind. Was auch hier geblieben ist, ist die Vertikale, das Aufgerichtete, hier in einer einzigen Linie von dem oberen bis zum unteren Blattrand. Die Frau ist geistig behindert, dabei friedlich und anpassungswillig. Sie läßt sich gern anleiten und folgt den Vorbildern.

Bild 19. Recht ungewöhnlich ist der Baum der 35jährigen, die viele Elemente einbringt, aber keine angemessene Gestalt daraus machen kann. Auch hier wieder ist das einzig Baumhafte der Stamm. Dieser setzt unten kindlich auf dem Blattrand auf, trotzdem fügt die Zeichnerin Wurzeln an. Zwei Äste wachsen im Rindenansatz und, was ganz unkindlich und «krank» wirkt, sie hängen wie Fäden an den Seiten herunter. Dennoch gibt es außer diesen Ästen Zweige, und auch diese verzweigen sich wieder. Der Baum zeigt einen Lötansatz, ohne daß etwas ansetzt! Stamm, Äste, Zweige, Wurzeln, Kronenansatz – fünf Elemente bringt die Zeichnerin ein, ohne sie zu einem Baume koordinieren zu können! Im Vergleich zu einem kindlichen Baum ist diese Vielzahl der Teile überraschend, dafür weist die Größe und Ausdehnung aber auch auf einen erhöhten Anspruch hin.

Der Baum-Test in der Rehabilitations-Klinik

Es ist etwas anderes, Behinderte nur zu betreuen oder sie zu therapieren, und das muß hier berücksichtigt werden. Denn hier geht es bei stationär betreuten Unfallpatienten um eine systematische Psychotherapie. Drei Fälle sollen als Beispiel vorgestellt werden, wobei der eine Patient seinen Baum-Test nach einem Jahr wiederholt gezeichnet hat.

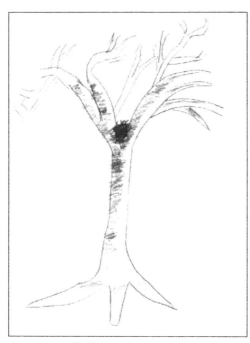

▲ Bild 20 (♀ 58;0)
▼ Bild 21 (♂ 56;0)

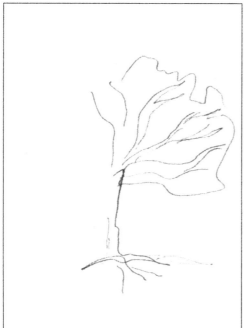

Bild 20. Eine 58jährige Ordensschwester hatte einen Hirnschlag und war linksseitig gelähmt. Ausfälle des Gedächtnisses und Konzentrationsunfähigkeit kamen hinzu. Sie überrascht durch einen dennoch harmonisch, fast gesund wirkenden Baum. «Fast» gesund: einige Auffälligkeiten weisen uns auf Defizite im Selbsterleben hin. Da zeigen sich an den zweigeteilten Ästen links und rechts Verdickungen, die wie Stauerscheinungen wirken. Und diese enden dann auch noch in Röhrenästen, die doch auf Teilunsicherheit hinweisen sollen! Dabei ist die Wurzel überproportioniert, und in der Gabelung der Äste ist ein Nest mit drei Jungvögeln angebracht – Hinweise auf Geborgenheitsthematik. Das muß nicht eine Krisenerscheinung sein, es ist hinreichender Grund, daß die Frau hier im klinischen Bereich ihre geistliche Heimat, ihr Ordenshaus vermißt und kompensiert. Nach Ausheilung kehrte sie friedlich und glücklich dorthin zurück.

Bild 21. Dieser zart und liebevoll gezeichnete Baum läßt die linke Seite völlig offen. Ja sogar dem Baumstamm fehlt die linke Kontur! Zwar weist noch eine Wurzel nach links, aber vom Geäst schweben nur zwei Teile abgelöst vom Baum im linken Mittenbereich. Es könnte ein dramatisches Signal und absichtlich dargestellt sein, aber das ist nicht der Fall: es ist echter Ausdruck. Der Zeichner hat durch Nikotin- und Alkoholkonsum einen rechtsseitigen Gehirnverschluß erlitten und ist linksseitig teilgelähmt. Der Gesichtsmuskel, das Wahrnehmungsvermögen funktionieren nicht, was sein ganzheitliches Selbstverständnis nachhaltig negativ beeinträchtigt. Er ist Invalide.

Bild 22 a. Der 34jährige Zeichner dieses Baumes hat bei einem Autounfall ein (stumpfes) Hirnschlagtrauma erlitten und anschließend zwei Wochen im Koma gelegen. Er blieb linksseitig gelähmt, der Arm war unbeweglich, und er war überdies antriebsschwach und sprachgehemmt. Der gut kontrolliert gezeichnete Baum weist Endspitzen, auch Forken an den Ästen auf, die als aggressive Abwehrreaktion zu verstehen sind. Das ist durch seine Hilflosigkeit zu erklären, ist er doch als Logistiker durch seinen Beruf an selbständige Verfügung über sein Tun und Handeln gewöhnt. Überdies aber zeichnet er einen Hohlansatz, der auf Desorientierung und Ratlosigkeit hinweist. Für das Selbsterleben ist dies ein gravierendes Handicap für die Gesundung.

▲ Bild 22 a (♂ 34;0)
▼ Bild 22 b (♂ 35;0)

Bild 22 b. Dennoch läßt der ein Jahr später gezeichnete Baum auf gute Heilerfolge schließen, mit denen auch ein gelasseneres und stabilisiertes Selbstgefühl verbunden zu sein scheint. Der zweite Baum gibt Auskunft darüber. Forken und Spitzen an den Ästen sind verschwunden, der Hohlansatz der Krone ist aufgelöst. Die Äste schwingen freier aus. Der scharf-harte Strich im ersten Baum ist einem sanften, weich und tonigen gewichen. Sogar ein Mittenast, noch etwas eingequetscht zwar, macht sich Platz.

Der Baum-Test in der Kriminologie

In meinem Buch «*Straftäter im Selbstausdruck*», *Graphologie des Jugendlichen Band III*, habe ich Testbatterien von Schwerverbrechern gezeigt und besprochen. Die Testbatterie enthält außer Handschrift, Sterne-Wellen-Test und Wartegg-Zeichentest auch den Baum-Test. Ich wollte damit darauf hinweisen, daß man der Persönlichkeitsstruktur des kriminell Gewordenen auf die Spur kommen sollte, um die Voraussetzungen zu schaffen, daß weniger Menschen kriminell werden. Dabei mußte ich natürlich voraussetzen, daß der Kriminelle nicht von Geburt an kriminell disponiert sei, wie dies teilweise auch heute noch immer tradiert wird. Und ich mußte hinnehmen, daß genetische Deterministen meine Gedanken verwerfen würden. Eine andere Reaktion hatte ich jedoch nicht vorausgesehen! Das war die von Juristen, die mit der Kriminalität zu tun hatten. Sie hatten in meinem Buch zu finden gehofft, wie man sich am besten dem Kriminellen gegenüber verhält, sich auf ihn einstellt, um recht bald recht viel aus ihm herauszukriegen. Aber das hatte ich nicht gemeint! Mir ging es um die differenziertere Erfahrung der Persönlichkeitsstruktur des kriminell Gewordenen, um vielleicht doch dazu beizutragen, Verbrechen einzuschränken, potentielle Verbrecher von der Kriminalität fernzuhalten. Und da ich mich überwiegend mit Jugendlichen befaßte, scheint mir einiges hiervon gelungen zu sein. Ich gebe hier einige Beispiele. Während ich in meinem Buch ausschließlich Schwerverbrecher beschrieb, Mörder oder solche, die das Leben anderer aufs Spiel setzten, geht es bei den hier gezeigten

Tätern um leichtere Delikte. Aber gerade diese machen anschaulich, wie das Abgleiten ins Asoziale zustande kommen kann und wie es doch wohl in vielen Fällen vermieden werden könnte.

Ich möchte sogar sagen, daß das Studium der «Selbstaussagen» in Projektionstests, wie ich es nannte, zu ganz generellen Überlegungen Anlaß geben könnte, unter anderem auch der Erziehung und des Schulwesens. Das zu erörtern ist hier nicht der Ort, ich zeige die Baum-Tests der Täter und überlasse die Gedanken darüber dem Leser.

▲ Bild 23 (♀ 21;10)
▼ Bild 24 (♂ 20;4)

Bild 23. Dieser zarte, mädchenhafte Baum ist in einer Haftanstalt entstanden. Die junge Frau, Mutter eines Kindes von 19 Monaten, ist mit 10 Jahren aus Jugoslawien nach Deutschland gekommen, wo ihre Eltern als Gastarbeiter heimisch geworden waren. Sie hat hier die Hauptschule besucht und den Wechsel sowie das Sprachproblem gut bewältigt. Dann zwei Jahre Berufsschule und Tätigkeit im Handwerk und im Verkauf. Ihr Delikt ist Diebstahl von Kleidung. Sie bekommt zuerst 50 Stunden Arbeit abzuleisten und Bewährung, was sie abbricht. Daraufhin folgt die Haftstrafe. Der Baum rührt einen durch seine Kindlichkeit, und der Ausdruck weist schon auf das Problem hin. Der Lötansatz der Krone, der Rindenansatz der Äste, die anapplizierten Fransenwurzeln deuten auf eine Kindfrau hin, und als solche erwies sie sich auch im Gespräch. Nicht daß sie die Retardierung der geistig Behinderten aufwies! Wäre sie 12 Jahre alt, würde man ihr Differenziertheit und sogar eine gewisse Reife zusprechen. Aber sie ist fast 22 Jahre alt, und der hoch im Blatt angesetzte Baum erinnert an jene von Adoleszenten, deren Ansprüche an die Welt gewachsen sind. Hier liegt bei juvenilen Persönlichkeitsstrukturen zumeist der Konflikt. Bei nur kindgemäßer Urteilsfähigkeit hat man die Forderung des chronischen Alters.

Bild 24. Der weitausladende Baum demonstriert Selbstsicherheit und Anspruch. Äste und Zweige sind üppig und passen sich knapp, doch aber angemessen in den Raum ein. Aus der linken Seite kommt mit beachtlicher Stoßkraft ein Ast, der aggressiv wirkt und herausfordert. Der kraftvolle junge Mann kommt aus belasteter Ehe, jetzt leben die Eltern getrennt. Er selbst hat die Hauptschule besucht und zweimal eine handwerkliche Lehre begonnen, aber nach einigen Monaten wieder abgebrochen. – Sein Delikt: Diebstahl im Wirtshaus, Automatenraub, Körperverletzung in Trunkenheit. Was auch bei diesem Baum auffällt, ist der nur mühsam übermalte kindliche Lötstamm am Kronenansatz! Auch hier eine Diskrepanz zwischen Anspruch an das Leben und Persönlichkeitsunreife.

Bild 25. Der Baum verschleiert unter einer Kronenhaut, was doch so aufschlußreich ist für die Persönlichkeitsstruktur des 20jährigen Zeichners. Was dagegen ins Auge fällt, ist der stabile Stamm und die feste Basis, auf der er steht. Und beides läßt die Reifedefizite des jungen Mannes um so bedenklicher erscheinen. Denn auch hier deutet sich, wie so häufig, eine Diskrepanz an zwischen Anspruch und Fähigkeit der Urteilsbildung.

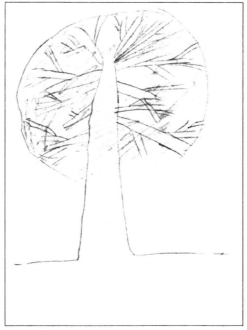

▲ Bild 25 (♂ 20;9)

Gewiß zeigt der Baum Äste und Zweige, welche die Krone bilden, mit der sanften Tönung ist sogar Laub angedeutet. Aber es gibt keinen Kronenansatz, ja eigentlich auch keine Krone! Der stabil auf dem Sockel ansetzende Stamm läuft in einen Keilstamm aus, der überdies oben offen bleibt, in einige Rindenästlein auslaufend. Das ist nicht nur eine kindgemäße Lösung, wozu der Keilstamm gehört. Es ist überdies Ausdruck eines Defizits an natürlichem personalem Streben. Und so laufen denn auch die eher eingeschraubten als wachsenden Äste in Hohläste aus: Ratlosigkeit. Das ganze wird sanft und gefällig «eingepackt». Das Delikt oder besser die Delikte: Betrug, Autodiebstahl, Ware bestellt und nicht bezahlt, Einbruch, Tanken, ohne zu zahlen.

Biographisches: Eltern in Scheidung und später geschieden, Vater Säufer, der Frau und Kind prügelt. Ab 10 Jahren für drei Jahre Heim, dann zu Großeltern.

Schulisches: Hauptschule, Gymnasium, Realschule, wieder Hauptschule mit qualifiziertem Abschluß. Anschließend Lehre, abgebrochen, Jobben.

Ein recht typisches Bild verwahrloster Jugend, hier gibt der graphische Projektionstest wichtige Hinweise. Das Jugendamt rät zur Anwendung des Jugendstrafrechtes, was dem Ergebnis der vorliegenden Diagnose entspricht.

Bild 26. Der Baum steht auf einer breit angelegten Anhöhe, die Schreiberin wählt ausdrücklich Querformat des Blattes. Ein stabiler, fast trotzig wirkender Stamm steht auf dem Grund und mündet in einen Lötansatz. Daraus quellen und drängen Äste, Zweige, Laub in üppiger Fülle. Man kann von einer Lockenkrone um den üppig belaubten Baum sprechen, fast richtiger wäre, daß die gesamte Krone einem Lockenkopf ähnelt. Welche Fröhlichkeit, welcher Lebensdrang spricht daraus! Daneben finden sich noch einige kleinere

▲ Bild 26 (♀ 22;8)

Bäumchen, auch hier üppiges Leben. Umso mehr überraschen zwei fixierend geschwärzte «Narben» links und rechts am Stamm, die doch wohl auf Traumata hinweisen.
Das Elternhaus: Der Vater war Maurer und ist seit dem 11. Lebensjahr des Mädchens Invalide, die Mutter ist kränklich. Es gibt Geschwister, die fünf Kinder sind innerhalb von sieben Jahren geboren und dürften die kranken Eltern in bezug auf Erziehung und vielleicht sogar von Wohnraum und Unterhalt überfordert haben.
Schulen: Volksschule 1.–4. Klasse, zweimal wiederholt; Sonderschule bis zur 8. Klasse, dann Berufsschule (Haushalt) für 2 Jahre. Anschließend Beginn einer handwerklichen Lehre, die abgebrochen wird.
Das Delikt der Zeichnerin: Betrunken am Steuer, Fahren ohne Fahrerlaubnis.
In diesem Falle geht aus der Testbatterie ein unerwartetes Persönlichkeitsbild hervor: ein intelligentes Mädchen, IQ sicher 110 (Handschrift), von fröhlicher Natur und positiver Weltzuwendung (WZT Felder 1 und 8) bei leicht entzündbarer Gefühlshaltung (Felder 2 und 7) und mit dem Drang nach mehr Erfahrung in der Welt (Vogelschau in den Feldern 3, 4, 5), hat ein warmes und hungriges Kontaktbedürfnis (SWT Wellenbereich) und vielseitige Interessen (SWT Sternenbereich). Ihre Umweltsituation wird vermutlich als Zwang erlebt, sie läßt nicht die ersehnte Entfaltungsmöglichkeit und bietet nicht die «Nahrung» an Erleben und Wissen, die das Mädchen gebraucht hätte. Ein explosiver Erlebnisstau (Baum-Test) macht sich unkritisch Luft und führt zu leichtfertigen und törichten Ausbrüchen. Der Nachholbedarf dürfte beträchtlich sein, und neue Ausbrüche wären bei der begabten (und vermutlich durch ihr schulisches Versagen unterschätzten) Delinquentin zu befürchten, wenn sie nach der Haft von neuem zu eng und monoton «eingeordnet» werden würde. Um einen umfassenderen Einblick in die Persönlichkeitsstruktur zu ermöglichen, ist in diesem Fall die ganze Testbatterie angezeigt: außer Baumtest auch Sterne-Wellen-Test, Wartegg-Zeichen-Test und Handschrift.

STERNE-WELLEN-TEST (SWT)

Zeichne mit Bleistift einen
STERNENHIMMEL ÜBER MEERESWELLEN

Geschlecht: maskulin (m) / feminin (f)
Alter in Jahren und Monaten:
Tag der Testzeichnung:

Wartegg-Zeichentest (WZT)

Versuch Nr.:
Vor- und Zuname:
Beruf:
Datum:
Geburtstag:

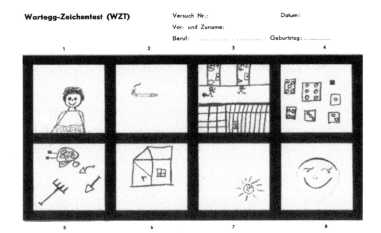

In Italien wird weitergestreikt.
Und das durch alle Bereiche, von den Gerichten bis zu
Banken und Krankenhäusern.
Das könnten auch die Besucher der Fußballweltmeister-
schaft, die am 8. Juni beginnt, zu spüren bekommen,
zum Beispiel in Staus an den Grenzübergängen.
Brennmisführer wollen nämlich ab kommender Woche
unter anderem den Brenner und Reschenpaß wegen
der neuen Transitgebühren durch Österreich blockieren.
Ab Mitte Mai streiken dann die Transportunternehmer
wegen Unstimmigkeiten mit der Regierung.
Auch die Züge werden ~~sich~~ sich verspäten

INDEX DER WICHTIGSTEN PHÄNOMENE

A. Symbolische Phänomene

Aststumpf VII, XXV, XXXVI, XLII, XLVII, LIV
Baumstumpf XLVIII
Blätter, fallende und abgefallene XIV, XXII, XXIV, XXVIII, XLI
Endungen
    Bruch- XV, XLVIII, LIV
    Forken- VI, XVI, XVII, XXI, XXV, XL, XLII
    Röhren- XXXV, XLVII, LI
    Schnitt- XI, XV, XXV, XXXVI, XLII, XLVII
    Spitzen- VI, XVI, XVII, XXI, XXII, XXV, XLI, XLII, L, LIV
Felsen XXI
Gegenzug XXI, XLII, XLIV
Geschlossene Kleinformen XXII, XLIX
Horizontale XXIV, LIII
Hügel I, VIII, XII, XXXIX, XLIX
Kerben XXV
Kreuzungen XXI, XLIV
Krone abgeflacht XVIII, XIX, LV
Kronenansatz
    Finger- XXII, XXXVII, XXXVIII, XXXIX
    Knoten- XL, XLI
    Kropf- XIII, XLIV, XLV
    Kugel- XXXII, XXXIII, XXXIV, XXXV, XXXVI, XLIX
    organischer I, XXIV, XLVII, LII, LV
    Strich- II, III, IV, XLVI
Kronenrand
    amorph XIII, XX, XLIII
    hautartig XXVI, XLV
    locker I, II, V, XXVII, XXX, XXXIII, XLVII, LII
Landschaft VIII, XII, XXXIX, XLIX
Leerräume im Baum XIV, XLIII, XLVIII

Mauer LII
Narben IX, XII, XXIV, XLV, XLIX
Perspektive VIII, XII, XXI, XXII, XXIV, XXXIX, XLIX, LIII, LV
Rinde gerauht XII, XIV, XXV, XLIV, XLIX, L, LI, LIII, LV
Sonne VIII, XII, XLIX
Steine XLVII
Windbruch VIII, XLII, L
Winkelformen XLII, L, LI
Wülste IX, XIII, XXI, XLII, XLIII, XLIV, XLV
Wunden LV
Wurzelbetonung XI, XII, XX, XXI, XXXV, XXXIX, XLI, XLIX, L, LV
Zaun VIII

B. Graphische Phänomene

Strichführung
sicher II, X, XVIII, XXVI, XXVII, XXIX, XXXI, XXXII, XXXVII, XLVI, XLVII, LIV
unsicher IV, VII, IX, XVII, XIX, XX, XXV, XXVIII, XXXVI, XL, XLII, XLIII, XLIV, XLV, LI
unabgesetzt III, XVIII, XXIX, XXXII, XXXVII, LIV
abgesetzt I, II, V, VI, VII, XI, XV, XX, XXI, XXII, XXX, XXXIII, XXXIV, XXXIX, XLVII, XLVIII, LII, LIII, LV
Einzelstrich I, V, XI, XII, XXXIV, XXXIX, XLIX
Pendelstrich XXXVI

Strichcharaktere
zart II, XXVII, XXX, XXXIII
tonig V, XXX, XXXIII, XLVIII, LII
scharf VI, VIII, XVIII, XXXII
fest XXXVII, XXXIX, LIII

Strichstörungen (Störsymptome)
zart-fragil IX, XIV, XIX, XXVIII, XL, XLV

tonig-schwammig XIV, XXXVI, XLII, XLIV
scharf-hart VI, VII, X, XII, XX, XXII, XXXV, XLIX, LI, LV
fest-deftig L
gestückelt XXII, XLIX, L, LI
fixierend geschwärzt XII, XV, XXIV, XXV, XXXVI, XXXVIII, XXXIX, XLIX, LII, LIII, LIV, LV

Flächenbehandlungen
schattiert I, XXX, XLVIII
schraffiert VIII, XXXVII
konturiert X, XXVI, XXVII, XXXI, XXXII, XXXVII, XXXIX, XLVII, XLIX, LI, LIV
gedunkelt XXIX, XXXI, XXXII, XXXIV
gerauht XII, XXV, XLIV, XLIX, L, LIII

Strichführung 1–4 nach Vetter, 5–6 nach Pophal; Strichcharaktere nach Vetter; Strichstörungen nach Avé-Lallemant; Flächenbehandlungen 1–3 nach Vetter, 4–5 nach Koch.

Zeichnungen diagnostisch auswerten

Ursula Avé-Lallemant
Der Sterne-Wellen-Test
3. Auflage 2006. 232 S. 137 Abb.
(978-3-497-01841-3) kt

Beim Sterne-Wellen-Test handelt es sich um ein Projektives Verfahren, das sich in der diagnostischen Praxis bewährt hat und einfach anzuwenden ist. Es erlaubt Einblicke in die Persönlichkeit, in das individuelle Welt-Erleben und in möglicherweise unbewusste Konflikte. Die Anwendungsgebiete des Tests sind vielfältig: Er dient als Hilfe in der persönlichen Lebensberatung und Therapie sowie als Reifetest beim Kind. Da zur Ausführung des Testes keine Vorkenntnisse erforderlich sind, ist er für alle Altersgruppen gleichermaßen geeignet und kulturell unabhängig einsetzbar.

www.reinhardt-verlag.de